riz e

riz et risotto

Laurence et Gilles Laurendon
photographies de Akiko Ida

marabout

© 2010 Hachette Livre (Marabout)
Recettes pubbliées pour la première fois dans le titre
<u>Riz gourmand</u> (© Hachette - Livre Marabout. 2004)

Photographies de Akiko Ida © shutterstock :
p. 2-3 Monkey Business Images, p. 4-5 mundoview
p. 9 Babajaga, p. 39 Mates, p. 52-53 Mikus, Jo.
p. 84-85 Charlene Bayerle, p. 106-107 eAlisa
p. 154-155 Farres, p. 180-181 Marta P.
p. 230-231 Tobik
Set de table page 97, Robert le Héros
Merci à Cadbury France pour l'autorisation de
reproduction des Carambars de la page 215.
Stylisme de John Bentham.

Mise en pages : les PAOistes.

Pour l'éditeur, le principe est d'utiliser des papiers
composés de fibres naturelles, renouvelables,
recyclables et fabriquées à partir de bois issus
de forêts qui adoptent un système d'aménagement
durable. En outre, l'éditeur attend de ses fournisseurs
de papier qu'ils s'inscrivent dans une démarche
de certification environnementale reconnue.

ISBN : 978-2-501-06417-0
Dépôt légal : janvier 2010
40.5169.4 / 01
Imprimé en Espagne par Impresia-Cayfosa

sommaire

introduction

Le riz est l'une des céréales les plus consommées dans le monde : c'est un aliment de base pour de nombreuses populations. Le riz est très utilisé dans les cuisines asiatiques, notamment chinoise et indienne. En Europe, il est cultivé sur la plaine du Pô en Italie, en Camargue en France, en Espagne, au Portugal, en Grèce ou encore en Russie…

le riz, c'est simple et bon !

C'est incroyable tout ce que l'on peut faire avec du riz ! Il entre dans la composition de plats uniques, très nourrissants, comme la paella originaire

d'Espagne ou le risotto d'Italie… Préparez-en plein pour régaler toute la famille ! Servez du riz cantonais ou du riz blanc nature pour accompagner des plats de poisson ou de viande. Emportez une salade de riz pour un déjeuner au parc, ou bien préparez des sushis pour un petit dîner en amoureux. En version sucrée, le riz est aussi excellent : rien de mieux qu'une casserole de riz au lait pour se déstresser. C'est simple et bon !

c'est bon pour la santé !

Sur le plan nutritionnel, le riz possède des caractéristiques intéressantes. Ses grains contiennent des vitamines, des minéraux et des fibres bénéfiques pour notre organisme.

Le riz étant un féculent, sa principale qualité est d'apporter de l'énergie. Les glucides complexes qu'il contient se libèrent progressivement dans l'organisme et nous fournissent de l'énergie. Le riz contient également d'autres nutriments comme des vitamines du groupe B, du magnésium, des protéines végétales, du fer et du calcium.

Le riz est recommandé par les nutritionnistes et, de plus, il ne fait pas grossir !

riz pratique

On trouve aujourd'hui des riz précuits à la vapeur de bonne qualité et des riz à cuisson rapide. Il est toujours pratique d'en avoir chez soi. Ces riz se préparent en 5 à 10 minutes et conviennent particulièrement pour des préparations de dernière minute. Parfaits au micro-ondes, ils peuvent aussi être préparés sur la cuisinière.

quel riz choisir ?

D'une façon générale, le riz blanc est beaucoup plus consommé que le riz complet ou le riz brun car on préfère son goût et sa couleur. Le riz blanc est totalement débarrassé du germe et du son. Décortiqué et poli, il est ainsi privé d'une partie de ses éléments nutritifs.

Pour plus de vertus nutritionnelles, préférez le riz complet. Ses grains entiers conservent leur enveloppe externe et sont plus riches en vitamines et en minéraux. Plus le riz est brun, plus il est complet et meilleures sont ses qualités gustatives et nutritionnelles.

Les riz long grain comme le riz basmati, le riz surinam ou le riz thaï ne collent pas à la cuisson. Ils sont très utilisés pour les salades et en accompagnement. Les riz courts et ronds comme le riz arborio conviennent pour les fameux risottos.

les variétés de riz

Jaune, blanc, noir, complet, gluant… Ne vous limitez pas au riz blanc long grain. Il existe des milliers de variétés de riz, aux couleurs, aux saveurs et aux formes différentes. Les pages qui suivent vous en présentent quelques-unes des plus populaires. Elles sont toutes faciles à trouver dans le commerce.

Il existe également une multitude de produits fabriqués avec du riz, comme les nouilles de riz, les galettes de riz soufflé et les fines galettes qui servent à confectionner les rouleaux de printemps. N'oublions pas les crèmes de riz, très appréciées dans la cuisine du Moyen-Orient, et les pâtes de riz mochi qui, au Japon, permettent de confectionner d'étonnants gâteaux. Vous en trouverez quelques recettes dans les pages de ce livre. À vous de choisir !

le riz long grain étuvé

Après trempage, ce riz est traité à la vapeur et séché.
Il ne contient presque pas d'amidon. Facile et rapide
à cuisiner, il ne colle pas et conserve une grande partie
de ses vitamines.
Nous avons utilisé ce riz dans la plupart de nos recettes.
Il s'accorde parfaitement avec tous les ingrédients.
Voici comment vous pouvez utiliser le riz long grain :

- nature ou avec une sauce pour accompagner toutes
  sortes de plats (viandes, poissons, fruits de mer) ;
- pour épaissir une soupe ;
- pour préparer des salades composées lors
  d'un pique-nique ;
- pour préparer une farce pour une volaille au four
  ou en cocotte ;
- pour accompagner une blanquette ou un sauté
  de veau aux champignons ;
- pour accompagner une pintade au chou ;
- pour accompagner un plat en sauce de type
  goulasch, civet ou daube.

le riz basmati

Venu d'Inde et du Pakistan, ce riz parfumé et élégant se prête parfaitement aux préparations indiennes et orientales. Il absorbe bien les bouillons et les sauces onctueuses.

Il se marie merveilleusement avec les épices comme le safran, la cardamome, la cannelle, le cinq-épices, le curry, le curcuma… et les produits plus liquides comme le lait de coco.

Utilisez-le également avec des fruits juteux comme l'ananas, l'orange ou les litchis.

Le riz basmati convient très bien pour accompagner les viandes blanches (porc au lait de coco, poulet tikka à l'indienne…) ainsi que les poissons et crustacés (saumon mariné, cabillaud aux épices douces, crevettes sautées au gingembre…).

le riz thaï

Longs et blancs, ses grains fins en font un excellent
riz nature au délicat parfum de jasmin.
Ce riz aime les épices et les saveurs délicates :
bergamote, citronnelle, galanga…
Il convient merveilleusement aux recettes asiatiques :
soupes et potages, plats de porc, de poulet, de bœuf
ou de crevettes sautés au wok, plats en sauce
au poisson ou au curry…
Il peut se substituer au riz basmati. Mais c'est nature
qu'on savoure le mieux son parfum incomparable.

le riz japonais

Un riz à grains ronds idéal pour la confection des sushis.
Ce riz aime aussi les algues, le radis blanc (daikon),
le fromage de soja et les sauces un peu relevées
comme le dashi, qui sert à préparer de nombreuses
sauces et soupes japonaises tel le miso.
Il se marie très bien avec le vinaigre de riz, légèrement
acide et sucré, et naturellement avec la sauce soja.

le riz semi-complet

Ses grains légèrement polis, de couleur brune,
conservent une bonne partie de leurs vitamines
et demandent un temps de cuisson plus court que
le riz complet. En somme, il n'a que des qualités.

le riz complet

De couleur brune, avec ses grains simplement
décortiqués et leur germe, il est très riche en
vitamines et en sels minéraux. Seul inconvénient,
sa cuisson est très longue : au moins 45 minutes.

le riz à risotto

Ses grains larges et riches en amidon permettent
de réaliser toutes les recettes de risotto. Nous avons
un faible pour les riz arborio et carnaroli, qui permettent
d'obtenir une texture fondante et crémeuse. Autre
merveille, mais plus difficile à dénicher : le vialone nano.
Ce riz a le don de la métamorphose. Son goût varie
suivant les produits qui l'accompagnent. Avec un
bouillon aux légumes ou à la viande, revenu au beurre
ou à l'huile, avec de la cannelle, du quatre-épices,
de la ciboulette, des fruits de mer, du poulet, du
bœuf… il changera à chaque fois de saveur.

le riz sauvage

Composé de grains bruns et fermes au délicieux
petit goût de noisette, ce riz est en fait une variété
de plante sauvage aquatique appelée zizania,
traditionnellement récoltée par les Indiens d'Amérique
du Nord. Cette plante sauvage est plus riche en
protéines que le riz. Elle est donc très nutritive et
parfaite pour les sportifs ou pour ceux qui ont besoin
de faire le plein d'énergie.

Le riz sauvage s'utilise de nombreuses façons :
• dans des cuisines ethniques ;
• pour farcir une viande ou une volaille ;
• pour préparer des salades légères ;
• pour accompagner une soupe ;
• comme garniture classique.

N'hésitez pas à mélanger le riz sauvage avec un autre
riz ou bien avec une céréale. Le mélange de riz long
grain blanc et de riz sauvage est particulièrement
appétissant.

le riz de Camargue

Ce riz français, venu de Camargue, est délicieux.
Nous avons une préférence pour le riz rouge complet,
très beau et très goûteux.
Né dans un environnement exceptionnel et préservé,
ce riz rare et précieux convient très bien aux plats
en sauce et aux risottos.

le riz noir

Un riz complet de couleur noire, originaire du Piémont,
disponible chez votre traiteur italien favori. Il est si beau
qu'on ose à peine le jeter dans la marmite. Il se cuit
comme un riz à risotto.
Il est idéal avec les fruits de mer : calamars, seiches,
coquillages…
Sa couleur a la particularité de s'accentuer pendant
la cuisson.

le riz gluant ou glutineux

Très utilisé dans les cuisines asiatiques, il est composé de grains ronds très riches en amidon. Il se prépare souvent en bouchées, salées ou sucrées, ou sous forme de gâteaux. Les enfants l'adorent car il est très moelleux.

À noter que ce riz ne contient pas de gluten. Il convient donc à ceux qui suivent un régime sans gluten.

le riz surinam

Ce riz venu d'un petit État voisin du Brésil est composé de grains très longs et très fins. Il se marie bien aux sauces et convient parfaitement aux plats mijotés. Les connaisseurs le vénèrent car il est l'un des meilleurs riz pour les plats en sauce.

riz façon créole

C'est la cuisson du riz la plus répandue dans le monde. C'est aussi la plus simple. Elle convient à presque toutes les variétés de riz.

un grand volume d'eau

Il existe deux façons de cuire le riz à l'eau : soit en le plongeant dans un très grand volume d'eau, sans couvrir, comme pour les pâtes (le riz doit alors « nager librement »), soit en versant 1 volume de riz dans 1 ½ volume de liquide chaud puis en laissant cuire à couvert jusqu'à absorption complète du liquide.

parfumer l'eau de cuisson

Suivant la recette, vous pouvez utiliser :
- du bouillon de poule, de légumes ou de viande ;
- des épices : cannelle, piment, gingembre, muscade, girofle ;
- des zestes d'agrumes (orange, citron) ;
- ou des herbes aromatiques : thym, laurier, romarin, ciboule, persil, coriandre, citronnelle.

riz créole pas à pas

Pour **4 personnes**
30 cl d'**eau** ou de **bouillon**
180 g de **riz**
sel et **poivre**

Dans une grande casserole, portez l'eau ou le bouillon à ébullition. Salez, poivrez, versez le riz en pluie et couvrez.

Dès la reprise de l'ébullition, baissez
à feu doux et laissez cuire doucement
à couvert 12 à 15 minutes.

Égouttez le riz. Réservez-le au
chaud ou servez tout de suite.

riz à la vapeur

Cette cuisson permet d'obtenir un riz aéré, léger et très tendre. Il faut d'abord faire tremper le riz pendant 1 heure, puis le cuire dans un panier vapeur au-dessus d'une casserole d'eau bouillante. Comptez environ 25 minutes de cuisson.

quels riz peut-on cuire à la vapeur ?

Cette cuisson convient tout particulièrement au riz gluant. Mais vous pouvez aussi utiliser du riz long grain ou du riz rond, à condition de le faire tremper auparavant dans l'eau pendant au moins 1 heure.

le trempage

Plus le temps de trempage est important, plus le temps de cuisson sera rapide.

rice cooker

Vous pouvez aussi utiliser un *rice cooker*, appareil spécialement conçu pour la cuisson du riz à la vapeur. Cet appareil électrique permet d'obtenir un riz parfaitement cuit, avec des grains bien séparés.

aromatiser

Pour du riz vapeur parfumé, vous pouvez disposer des herbes aromatiques dans le panier de cuisson. Marjolaine, menthe, verveine, tilleul, citronnelle, romarin, zeste de citron ou d'orange… vous avez le choix.

riz vapeur pas à pas

Pour **4 personnes**
180 g de **riz**

Versez le riz dans un grand bol, couvrez d'eau et laissez reposer au moins 1 heure, la nuit entière si possible.

Égouttez le riz et placez-le dans le panier supérieur de votre cuit-vapeur, éventuellement à l'intérieur d'un torchon propre.

Portez l'eau du cuit-vapeur à ébullition, installez le panier contenant le riz, fermez hermétiquement et laissez cuire environ 25 minutes.

33

riz pilaf

cuisson par absorption

Faites chauffer un peu de beurre ou d'huile dans une cocotte. Versez le riz et faites-le revenir dans la matière grasse pour que tous les grains soient bien enrobés. Versez le liquide chaud (eau ou bouillon) et faites cuire à couvert 12 à 15 minutes environ. Comptez en moyenne 1 ½ volume de liquide pour 1 volume de riz. Cette cuisson convient à presque tous les riz, mais en particulier au riz long grain.

beurre ou huile d'olive ?

Pour faire revenir le riz, vous pouvez choisir une noisette de beurre ou de l'huile d'olive ou encore… les deux ensemble. Le beurre apporte de l'onctuosité et l'huile permet d'atteindre des températures plus élevées. Parfait si vous souhaitez un riz à la fois ferme et onctueux.

pilaf + épices

Parfumez le bouillon de cuisson avec 1 cuillerée à café de curcuma en poudre et 1 cuillerée à café de gingembre en poudre. Un plaisir simple qui parfumera la cuisine.

idée minute

Faites chauffer une poêle légèrement huilée, puis ajoutez 2 bonnes pincées de curry en poudre, déposez 1 oignon haché et remuez. Ajoutez alors 300 g de filets de poulet découpés en dés. Laissez cuire et servez avec le riz pilaf.

riz pilaf pas à pas

Pour **4 personnes**
1 c. à s. d'**huile d'olive**
180 g de **riz**
30 cl d'**eau** ou de **bouillon**
sel et **poivre**

Faites chauffer l'huile dans une cocotte et versez le riz. Laissez les grains s'enrober de matière grasse en prenant soin de remuer avec une spatule.

Versez l'eau ou le bouillon sur
le riz, salez et poivrez, portez au
frémissement puis couvrez. Laissez
cuire doucement 12 à 15 minutes.

Aérez les grains de riz à l'aide
d'une spatule.

risotto

C'est une variante de la cuisson pilaf, particulièrement savoureuse. Seulement, c'est un peu plus long et il faut remuer presque tout le temps. Procédez d'abord comme pour le riz pilaf : faites chauffer un peu d'huile d'olive dans une casserole à fond épais. Puis versez le riz et faites-le revenir en remuant, de façon que tous les grains soient bien enrobés d'huile. Ensuite, versez le bouillon chaud, louchée par louchée. Versez d'abord une petite louchée de bouillon et laissez les grains absorber le liquide. Versez une nouvelle louchée de bouillon et remuez jusqu'à absorption avant d'ajouter une autre louchée de bouillon. Continuez ainsi jusqu'à ce que)tout le bouillon ait été absorbé. Ce mode de cuisson exige juste un peu d'attention et de patience.

chut !

Un bon risotto se cuit « à l'oreille ». Il faut écouter chanter le riz pour déterminer le moment idéal pour verser le bouillon. Un risotto doit chuchoter sur le feu et ne jamais cuire à gros bouillons. À la fin de la cuisson, on incorpore du parmesan pour donner au riz sa délicieuse texture crémeuse.

« *mantecare !* »

En fin de cuisson, incorporez le beurre et le parmesan et laissez reposer 1 ou 2 minutes. Puis mélangez (*mantecare*) rapidement avec une cuillère en bois. Dans ce simple geste réside tout l'art d'un bon risotto.

arborio ou carnaroli ?

Le choix du riz est déterminant. Choisissez de préférence du riz superfino arborio ou carnaroli.

idées de bouillons

Là, vous avez du choix. Vous pouvez utiliser, selon les recettes, un bouillon de légumes, de poule, ou pour un repas plus festif un fumet de poisson ou de gibier, ou encore un fond de veau.

risotto pas à pas

Pour **4 personnes**
2 c. à s. d'**huile d'olive**
200 g de **riz rond**
1 litre de **bouillon chaud**
20 g de **beurre**
parmesan râpé

Dans une casserole à fond épais, faites chauffer l'huile. Faites dorer le riz quelques instants puis mélangez pour que les grains s'imprègnent bien d'huile.

Versez une louchée de bouillon, laissez les grains absorber le liquide puis versez une nouvelle louchée de bouillon. Continuez jusqu'à ce qu'il n'y ait plus de bouillon.

Ôtez la casserole de riz du feu, ajoutez 20 g de beurre en dés et le parmesan râpé puis laissez reposer 1 ou 2 minutes. Mélangez bien.

riz à sushis

Pour **4 personnes**
Préparation **30 minutes**
+ 30 minutes de repos
Cuisson **15 minutes**

200 g de **riz à sushis**
25 cl d'**eau**
8 cl de **vinaigre de riz japonais**
2 c. à s. de **sucre en poudre**
½ c. à c. de **sel**

Déposez le riz dans un grand bol, couvrez-le d'eau froide et remuez avec les doigts. Répétez l'opération 2 ou 3 fois jusqu'à ce que l'eau devienne claire. Laissez le riz s'égoutter dans une passoire pendant au moins 30 minutes.

Versez le riz et l'eau dans une petite casserole. Portez à ébullition, baissez le feu, couvrez et laissez cuire 12 minutes environ. Ôtez la casserole du feu et laissez à couvert 10 à 15 minutes.

Dans un bol, mélangez le vinaigre de riz, le sucre et le sel.

Étalez le riz chaud sur un grand plat, arrosez de mélange vinaigré et mélangez. Ajoutez si nécessaire un peu plus de mélange vinaigré. Couvrez d'un torchon humide et laissez refroidir.

Préparez ensuite une des 4 recettes proposées (voir pages 116-123).

riz gourmand express

Voici quelques idées pour accommoder un riz déjà cuit ou pour parfumer son eau de cuisson. C'est simple et bon !

riz au yaourt et à la menthe

1 **yaourt crémeux**
quelques feuilles de **menthe** hachées
sel et **poivre**
riz cuit

Mélangez dans un bol le yaourt et la menthe. Salez légèrement et poivrez.
Déposez le riz cuit à l'eau ou à la vapeur dans des petits bols et couvrez de yaourt à la menthe.
Servez le riz tiède.

riz sauce roquefort

100 g de **roquefort** émietté
10 cl de **crème fraîche**
2 c. à s. de **vin blanc**
poivre
riz cuit

Faites fondre le roquefort avec la crème fraîche et le vin blanc, 5 minutes à feu doux.
Passez 3 secondes au mixeur, poivrez et servez avec un riz cuit à la vapeur ou à l'eau.

45

riz aux copeaux de parmesan

copeaux de parmesan
poivre
riz cuit

En vous aidant d'un couteau éplucheur,découpez des copeaux dans un morceau de parmesan. **Déposez** ces copeaux sur le riz, poivrez généreusement et servez aussitôt.

riz curry

1 c. à c. de **curry doux en poudre**
sel
riz

Ajoutez le curry doux en poudre dans l'eau de cuisson salée, portez au frémissement puis versez le riz en pluie. Laissez cuire doucement et à couvert environ 15 minutes.

riz au lait de coco

riz
lait de coco
sel
le **zeste** de 1 **citron**
  non traitée

Faites cuire le riz doucement dans du lait de coco salé et parfumé d'un zeste de citron, environ 15 minutes à couvert. Attendez 5 minutes avant de servir.
Ce riz est parfait avec un plat à l'indienne.

riz au chutney

riz cuit
1 c. à c. de **chutney**
  de votre choix

Déposez le riz dans des petits bols. Ajoutez 1 cuillerée à café de chutney et servez le riz tiède.

riz à la sauce soja

riz cuit
sauce soja

Déposez le riz dans des petits bols. Arrosez chaque bol de riz d'un peu de sauce soja. Servez le riz chaud.

riz au zeste d'orange

riz
jus d'orange
zeste d'orange finement
   râpé
1 pincée de **cassonade**
sel

Faites cuire le riz doucement dans une moitié d'eau salée et une moitié de jus d'orange, environ 15 minutes, à couvert. Laissez reposer 5 minutes.
Servez tiède en saupoudrant d'un peu de zeste d'orange et de cassonade en poudre.

c'est
tout prêt !

épinards et menthe

Pour **4 personnes**
Préparation **10 minutes**
Cuisson **25 minutes**

3 c. à s. d'**huile végétale**
1 c. à c. de **graines
  de cumin**
200 g d'**épinards** hachés
180 g de **riz long
  grain basmati**
30 cl de **bouillon
  de légumes** ou **de volaille**
1 c. à c. de **gingembre** râpé
1 **oignon** haché
2 c. à c. de feuilles
  de **menthe** hachées
sel et **poivre du moulin**

Faites chauffer 1 cuillerée à soupe d'huile dans une cocotte. Versez les graines de cumin, laissez-les dorer puis ajoutez les épinards. Laissez cuire à feu moyen 10 minutes, en remuant régulièrement.

Faites chauffer 1 cuillerée à soupe d'huile dans une casserole à fond épais puis versez le riz. Mélangez bien pour que les grains soient parfaitement enrobés puis versez le bouillon chaud. Salez et poivrez, portez au frémissement, couvrez et laissez cuire à feu doux 15 minutes.

Pendant ce temps, faites chauffer 1 cuillerée à soupe d'huile dans une poêle puis versez le gingembre et l'oignon. Laissez dorer à feu assez vif, en remuant régulièrement pour éviter que les ingrédients n'attachent.

Réunissez le riz et les épinards dans la même cocotte. Ajoutez les feuilles de menthe, mélangez bien et laissez mijoter encore quelques minutes. Salez et poivrez de nouveau si cela vous semble nécessaire.

Servez chaud avec l'oignon et le gingembre frits.

Pour une variation gourmande, vous pouvez remplacer l'oignon et le gingembre par 50 g de pignons de pin et 1 cuillerée à soupe de dés d'orange ou de citron confits. Ne les faites pas revenir à la poêle, ajoutez-les directement dans le riz aux épinards et à la menthe, juste avant de servir.

espadon à la badiane

Pour **4 personnes**
Préparation **5 minutes**
Cuisson **15 minutes**

180 g de **riz long grain**
30 cl d'**eau chaude**
2 **étoiles de badiane**
2 pincées de **piment en poudre**
huile végétale
4 **steaks d'espadon**
sel et **poivre du moulin**

Rincez le riz à l'eau puis égouttez-le. Versez-le dans une casserole à fond épais, couvrez d'eau chaude, salez puis ajoutez les étoiles de badiane et le piment en poudre. Portez au frémissement, couvrez et laissez cuire à feu doux environ 15 minutes.

Ôtez la casserole du feu et laissez reposer 5 minutes sans découvrir.

Huilez légèrement les steaks d'espadon. Salez et poivrez. Faites-les cuire 3 à 4 minutes de chaque côté dans une poêle antiadhésive.

Ôtez les étoiles de badiane de la casserole de riz. Détachez les grains en vous aidant d'une fourchette. Servez aussitôt.

Pour du steak de thon ou du poulet à la badiane,
remplacez l'espadon par des steaks de thon ou des filets de poulet. Pour la cuisson du poulet, comptez environ 6 minutes de chaque côté. Vous pouvez servir le poulet coupé en dés et agrémenté de 1 pincée de coriandre fraîche.

sole minute pamplemousse

Pour **4 personnes**
Préparation **5 minutes**
Cuisson **15 minutes**

le **jus** de ½ **pamplemousse**
1 c. à c. de **gingembre** râpé
2 c. à c. de **miel**
30 cl d'**eau**
120 g de **riz long grain**
8 **filets de sole**
sel et **poivre du moulin**

Versez le jus de pamplemousse, le gingembre
râpé et le miel dans une petite casserole. Portez
au frémissement, ôtez du feu puis laissez infuser
à couvert.

Dans une grande casserole, portez l'eau à ébullition.
Salez, versez le riz, remuez, couvrez et baissez le feu.
Laissez cuire environ 12 minutes. Le riz doit être cuit
mais encore un peu croquant.

Faites chauffer de l'eau au fond d'un cuit-vapeur.
Déposez les filets de sole dans le panier et laissez
cuire environ 8 minutes.

Fouettez la sauce au pamplemousse, au gingembre
et au miel puis arrosez-en légèrement les filets de sole.
Salez, poivrez puis servez aussitôt avec le riz. Dans
l'idéal, servez le poisson chaud et la sauce froide.

Pour encore plus d'agrumes, vous pouvez
remplacer ou enrichir le jus de pamplemousse avec
du jus de mandarine ou d'orange. Poêlez quelques
quartiers de mandarine dans le jus d'agrumes
et servez-les tièdes, avec le poisson.

riz au gorgonzola

Pour **4 personnes**
Préparation **5 minutes**
Cuisson **20 minutes**

2 c. à s. d'**huile végétale**
120 g de **riz long grain**
30 cl d'**eau chaude**
1 **oignon** haché
1 brin de **thym** effeuillé
150 g de **gorgonzola**
40 cl de **lait**
2 c. à s. de **persil** haché
sel et **poivre du moulin**

Faites chauffer 1 cuillerée à soupe d'huile dans une cocotte et versez le riz. Laissez les grains s'enrober de matière grasse, en prenant soin de remuer régulièrement avec une spatule.

Versez l'eau chaude sur le riz, portez au frémissement et couvrez. Laissez cuire doucement environ 15 minutes.

Pendant ce temps, faites chauffer une poêle antiadhésive légèrement huilée. Faites fondre doucement l'oignon haché, salez, poivrez et saupoudrez de thym. Surveillez la cuisson pour éviter que l'oignon ne noircisse.

Émiettez le gorgonzola, déposez-le dans le bol du mixeur, avec le lait et l'oignon haché. Mixez finement le tout. Versez ce mélange crémeux dans une petite casserole à fond épais, couvrez et réchauffez doucement 8 à 10 minutes.

Servez le riz avec la crème de gorgonzola, en saupoudrant de persil haché.

Pour un plat plus relevé, vous pouvez diminuer la quantité de gorgonzola et n'en mettre que 120 g. Vous compléterez avec 30 g de roquefort ou de stilton. Ajoutez 1 pincée de piment doux dans le mélange crémeux.

riz pilaf aux amandes et aux pignons

Pour **4 personnes**
Préparation **5 minutes**
Cuisson **20 minutes**

1 c. à s. d'**huile végétale**
180 g de **riz long grain**
30 cl d'**eau chaude**
100 g de **pignons de pin**
100 g d'**amandes**
sel et **poivre du moulin**

Faites chauffer l'huile dans une cocotte puis versez le riz. Laissez les grains s'enrober de matière grasse, en prenant soin de remuer régulièrement avec une spatule.

Versez l'eau chaude sur le riz, salez, poivrez, portez au frémissement et couvrez. Laissez cuire doucement environ 15 minutes.

Pendant ce temps, faites griller légèrement les pignons de pin puis les amandes dans une poêle antiadhésive.

Servez le riz avec les amandes et les pignons.

Pour un riz pilaf avec du bœuf sauté aux légumes croquants, découpez 400 g de bœuf en lanières fines et faites-les revenir à la poêle ou au wok avec 1 cuillerée à soupe d'huile de sésame. Ensuite, faites revenir dans le même récipient 400 g de légumes frais (pois gourmands, haricots verts, petits pois, jeunes carottes coupées en biais). Ajoutez 2 cuillerées à café de raisins de Smyrne. Servez le tout bien chaud, avec le riz aux amandes et aux pignons.

riz citron-coco

Pour **4 personnes**
Préparation **5 minutes**
Cuisson **20 minutes**

180 g de **riz long
    grain basmati**
30 cl d'**eau chaude**
le **jus** de 1 **citron**
1 **bâton de cannelle**
1 pincée de **sucre**
huile végétale
40 g de **noix de coco**
    râpée
sel

Rincez plusieurs fois le riz à l'eau. Déposez-le dans une casserole, couvrez-le d'eau chaude, ajoutez le jus de citron, le bâton de cannelle et le sucre. Portez au frémissement, couvrez puis laissez cuire doucement environ 15 minutes.

Faites chauffer une poêle antiadhésive légèrement huilée. Versez la noix de coco râpée et faites dorer en mélangeant continuellement avec une spatule.

Versez la noix de coco frite sur le riz juste au moment de servir.

Pour un plat complet, servez ce riz citron coco avec des boulettes de cabillaud à la vapeur. Pour cela, mixez 200 g de cabillaud avec 1 botte de coriandre, 5 cl de lait et 1 cuillerée à soupe de fécule de maïs. Incorporez 50 g de chapelure de pain d'épices. Façonnez dans le creux de la main des boulettes de poisson et faites-les cuire 8 minutes à la vapeur.

riz pilaf aux girolles

Pour **4 personnes**
Préparation **15 minutes**
Cuisson **20 minutes**

250 g de **girolles**
1 c. à s. d'**huile végétale**
2 **échalotes** hachées
180 g de **riz long grain**
30 cl de **bouillon de poule**
beurre
2 c. à s. de **persil** haché
sel et **poivre du moulin**

Nettoyez soigneusement les girolles. Rincez-les sous un filet d'eau froide, égouttez-les rapidement et séchez-les délicatement dans un torchon propre.

Faites chauffer 1 cuillerée à soupe d'huile dans une cocotte et faites dorer les échalotes.

Versez ensuite le riz. Mélangez avec une spatule afin que les grains s'enrobent de matière grasse.

Versez le bouillon de poule sur le riz, portez au frémissement et couvrez. Laissez cuire doucement environ 15 minutes.

Faites chauffer 1 noix de beurre dans une poêle antiadhésive et faites revenir les girolles quelques instants. Salez, poivrez et ajoutez le persil haché.

Servez le riz avec les girolles sautées.

Pour une version plus raffinée, préparez une poêlée aux trois champignons avec un mélange de cèpes coupés en lamelles, de morilles et de mousserons. Si vous utilisez des champignons secs, mettez-les à tremper dans de l'eau tiède. Égouttez-les bien avant de les faire cuire. Pour la cuisson du riz, utilisez le jus de trempage des champignons. Vous pouvez aussi remplacer les girolles par des pleurotes.

riz croustillant façon persane

Pour **4 à 6 personnes**
Préparation **15 minutes**
+ 3 heures de trempage
Cuisson **45 minutes**

500 g de **riz long grain basmati**
60 g de **beurre**
1 pincée de **safran**
sel

Cette recette exige une casserole à fond très épais et une grande vigilance car il faut « brûler » le riz sans carboniser irrémédiablement la casserole. Prudence !

Lavez le riz plusieurs fois puis mettez-le à tremper dans un récipient rempli d'eau, pendant 3 heures.

Faites chauffer une grande casserole d'eau salée et versez le riz égoutté en pluie dans l'eau bouillante. Laissez cuire environ 5 minutes puis égouttez. Avant d'égoutter, goûtez un grain de riz : il doit être tendre à l'extérieur et encore ferme à l'intérieur.

Faites fondre le beurre dans une cocotte et versez le riz. Mélangez puis couvrez hermétiquement. Laissez cuire à feu moyen 15 minutes. Baissez le feu et poursuivez la cuisson à feu très, très doux, 20 minutes de plus.

Délayez 1 pincée de safran avec 2 cuillerées à soupe d'eau chaude. Prélevez un bol de riz de la cocotte et arrosez-le d'eau parfumée au safran.

Versez le riz de la cocotte sur une grande assiette, puis couvrez-le d'un petit dôme de riz au safran. À l'aide une cuillère, détachez le riz croustillant au fond de la cocotte et servez-le à part, sur une petite assiette.

Pour du riz croustillant aux pistaches, ajoutez quelques brisures de pistaches sur la couche de riz croustillant qui se trouve au fond de la casserole. En Iran, on réserve traditionnellement ce riz croûté aux enfants.

dés de bœuf et riz aux oignons

Pour **4 personnes**
Préparation **15 minutes**
Cuisson **10 minutes**

400 g de **filet de bœuf**
ou de **rumsteck**
2 c. à s. de **sauce soja**
4 **oignons**
1 c. à s. d'**huile végétale**
400 de **riz long grain**
déjà cuit
1 pincée de **paprika**
en poudre
sel et **poivre du moulin**

Découpez le bœuf en dés. Couvrez-les de sauce soja et mélangez. Épluchez les oignons et hachez-les.

Faites chauffer l'huile dans une poêle antiadhésive. Poêlez rapidement les dés de bœuf, salez, poivrez puis réservez au chaud.

Faites dorer les oignons hachés dans la poêle, ajoutez le riz cuit, saupoudrez de paprika et laissez cuire quelques instants en remuant avec une spatule.

Servez très chaud, avec les dés de bœuf.

Pour une version plus économique, vous pouvez remplacer les dés de bœuf par des dés de poulet ou des dés de dinde. Vous pouvez ajouter quelques noix de cajou ou quelques cacahuètes concassées quand vous les faites cuire à la poêle ou au wok.

dés de poulet sautés au sésame

Pour **4 personnes**
Préparation **5 minutes**
Cuisson **20 minutes**

2 c. à s. d'**huile végétale**
180 g de **riz long grain**
30 cl d'**eau**
500 g de **filets de poulet**
4 à 5 c. à s. de **graines
  de sésame**
sel et **poivre du moulin**

Faites chauffer 1 cuillerée à soupe d'huile dans une casserole à fond épais puis versez le riz. Mélangez avec une spatule afin que les grains s'enrobent de matière grasse. Versez 30 cl d'eau sur le riz, salez, poivrez, portez au frémissement et couvrez. Laissez cuire doucement environ 15 minutes.

Découpez les filets de poulet en dés de taille régulière. Salez et poivrez. Versez les graines de sésame dans une assiette. Enrobez-en les dés de poulet.

Faites chauffer une poêle antiadhésive légèrement huilée et mettez le poulet à cuire durant 4 à 5 minutes, en remuant régulièrement afin qu'il dore bien sur tous les côtés.

Servez le riz avec les dés de poulet au sésame.

Pour une version dim sum, remplacez le poulet par 150 g de crevettes crues et 350 g de cabillaud. Faites revenir rapidement, sans les cuire complètement, les crevettes décortiquées et le cabillaud. Mixez ensuite le tout et façonnez des boulettes. Enrobez les boulettes de galettes de riz que vous aurez préalablement trempées dans de l'eau tiède. Faites frire 5 ou 6 minutes puis égouttez. Servez chaud avec le riz.

riz au vin rouge et bœuf sauté

Pour **4 personnes**
Préparation **15 minutes**
Cuisson **20 minutes**

10 cl de **vin rouge**
20 cl de **bouillon de poule**
2 **échalotes**
1 c. à s. d'**huile végétale**
180 g de **riz long grain**
2 brins de **thym**
600 g de **filet de bœuf**
  en tranches
4 c. à s. de **persil plat**
sel et **poivre du moulin**

Préchauffez le four à 180 °C.

Faites tiédir le vin et le bouillon de poule dans une casserole. Épluchez les échalotes et hachez-les.

Faites chauffer l'huile dans une cocotte et ajoutez les échalotes. Laissez blondir en remuant plusieurs fois.

Ajoutez le riz et mélangez bien pour que les grains s'imprègnent parfaitement d'huile. Versez le vin et le bouillon. Salez, poivrez, ajoutez le thym, portez au frémissement, couvrez et laissez cuire au four environ 15 minutes.

Découpez le filet de bœuf en lanières d'environ 6 cm de long. Faites chauffer une poêle antiadhésive et placez-y les lanières de bœuf. Salez, poivrez, ôtez du feu et parsemez de persil haché.

Servez le riz au vin rouge chaud, accompagné de bœuf sauté.

Pour une version au bœuf mariné, faites mariner les lanières de bœuf pendant 3 heures dans 50 cl de vin rouge, avec le zeste de 1 orange, 2 clous de girofle et 5 grains de poivre noir. Égouttez bien les lanières avant de les cuire.

riz pilaf au citron vert

Pour **4 personnes**
Préparation **10 minutes**
Cuisson **15 minutes**

1 c. à s. d'**huile végétale**
180 g de **riz long grain**
30 cl d'**eau** chaude
2 **avocats** bien mûrs
1 pincée de **piment**
  en poudre
½ **oignon** haché
2 c. à s. de feuilles
  de **coriandre** hachées
le **jus** de 2 **citrons verts**
sel et **poivre du moulin**

Faites chauffer l'huile dans une cocotte et versez le riz. Laissez les grains s'enrober de matière grasse, en prenant soin de remuer régulièrement avec une spatule.

Versez l'eau chaude sur le riz, salez, portez au frémissement puis couvrez. Laissez cuire doucement environ 15 minutes.

Pendant ce temps, ôtez la peau des avocats avec un couteau éplucheur, découpez la chair en petits morceaux puis écrasez-la avec une fourchette. Ajoutez la pincée de piment, l'oignon et les feuilles de coriandre. Salez, poivrez, arrosez de la moitié du jus de citron vert et mélangez.

Au moment de servir, arrosez le riz du jus de citron restant. Présentez avec la purée d'avocat.

Pour une *lunch box* mexicaine, placez le riz pilaf dans une boîte. Complétez la boîte-repas avec 6 petites fajitas (crêpes mexicaines) que vous garnirez de 3 blancs de poulet, coupés en dés et revenus dans une poêle avec 2 petits poivrons détaillés en dés et 1 oignon découpé en lamelles. Assaisonnez de poivre, de sel et de 1 pincée de piment doux. Répartissez dans chaque fajitas, par-dessus la viande, la purée d'avocat et 1 tomate coupée en dés. Réchauffez avant de servir avec un trait de jus de citron vert.

poireaux, gingembre et cumin

Pour **4 personnes**
Préparation **10 minutes**
Cuisson **10 minutes**

2 beaux **poireaux**
1 c. à s. d'**huile d'olive**
1 c. à c. de **gingembre** râpé
1 c. à c. de **cumin doux
   en poudre**
400 g de **riz long grain**
   déjà cuit
sel et **poivre du moulin**

Épluchez et lavez soigneusement les poireaux.
Égouttez-les, essuyez-les et découpez-les en fines
rondelles.

Faites chauffer 1 cuillerée à soupe d'huile d'olive dans
une grande poêle antiadhésive. Versez le gingembre
râpé, donnez un tour de cuillère et ajoutez le cumin en
poudre. Ajoutez ensuite les rondelles de poireau, salez,
poivrez et laissez cuire environ 10 minutes en remuant
régulièrement. Ajoutez si nécessaire 1 ou 2 cuillerées
à soupe d'eau pour éviter que le fond n'attache.

Incorporez le riz cuit dans la poêle en décollant
les grains avec une fourchette.

Servez chaud.

Pour un plat plus croquant, ajoutez 1 bulbe de fenouil
et 1 bâtonnet de céleri découpés en petits dés.

78

riz à la vapeur de sauge

Pour **4 à 6 personnes**
Préparation **5 minutes**
  + 1 heure de trempage
Cuisson **20 minutes**

200 g de **riz long grain**
4 feuilles de **sauge**
sel et **poivre du moulin**

Déposez le riz dans un grand récipient et couvrez-le d'eau. Laissez-le tremper au moins 1 heure, puis égouttez-le.

Versez de l'eau au fond d'un cuit-vapeur, ajoutez les feuilles de sauge et portez au frémissement. Déposez le riz dans le panier. Couvrez et laissez cuire environ 20 minutes.

Salez, poivrez et servez chaud.

Pour un gratin d'agneau à la sauge, disposez une dizaine de morceaux d'agneau, choisis dans le collier, dans une poêle et faites-les colorer. Réservez dans un plat à four. Faites revenir 3 minutes dans la poêle 1 oignon en lamelles et 6 petites carottes coupées en bâtonnets. Ajoutez-les dans le plat à four, avec 3 navets coupés en cubes, 3 tomates coupées en dés, 4 feuilles de sauge et 2 gousses d'ail. Mouillez à hauteur avec un bon bouillon de légumes. Salez, poivrez puis faites cuire environ 45 minutes. Servez avec le riz à la vapeur de sauge.

riz citron et basilic

Pour **4 à 6 personnes**
Préparation **10 minutes**
Cuisson **20 minutes**

1 c. à s. d'**huile végétale**
180 g de **riz long grain**
30 cl de **bouillon de poule**
4 c. à s. de **persil** haché
4 c. à s. de **basilic** haché
les **zestes** râpés
  de 2 **citrons** non traités
50 g de **parmesan** râpé
sel et **poivre du moulin**

Faites chauffer l'huile dans une cocotte, versez le riz et faites-le revenir en remuant régulièrement afin que les grains soient parfaitement enrobés.

Faites tiédir le bouillon de poule puis versez-le sur le riz. Ajoutez le persil, le basilic et les zestes de citron râpés. Salez, poivrez et laissez cuire à couvert environ 15 minutes à feu doux.

Servez chaud, avec le parmesan râpé.

Pour une recette de poisson savoureuse et rapide, découpez 2 courgettes en rubans. Disposez sur vos poissons (saumon, lotte) quelques feuilles de basilic et du zeste de citron râpé. Salez et poivrez. Puis emmaillotez vos filets de poisson avec les rubans de courgette. Salez, poivrez légèrement le dessus puis faites cuire délicatement les poissons dans une poêle, avec de l'huile d'olive chaude. Comptez 7 à 8 minutes. Puis servez avec le riz citron et basilic.

grandes salades

salade de chèvre aux noix

Pour **4 personnes**
Préparation **10 minutes**
Cuisson **15 minutes**

120 g de **riz long grain**
1 **chèvre** un peu sec
1 **cœur de scarole**
1 poignée de **cerneaux
de noix**
1 c. à s. de **ciboulette**
hachée

Vinaigrette
1 c. à s. de **vinaigre de vin**
1 c. à s. de **tapenade**
3 c. à s. d'**huile d'olive**
le **zeste** râpé de 1 **citron**
sel et **poivre du moulin**

Faites cuire le riz façon créole (voir page 28),
15 minutes dans un grand volume d'eau. Il doit être
cuit mais encore légèrement croquant. Égouttez-le
puis arrêtez la cuisson sous un filet d'eau froide.
Laissez-le refroidir en s'égouttant.

Ôtez la croûte du chèvre, découpez-le en copeaux.

Pour la vinaigrette, mélangez le vinaigre et la
tapenade, salez légèrement puis fouettez. Ajoutez
l'huile d'olive peu à peu puis incorporez le zeste
de citron râpé. Poivrez.

Disposez le riz dans un grand bol puis ajoutez
les feuilles de scarole, les cerneaux de noix, les copeaux
de chèvre, la ciboulette hachée et la sauce citronnée.
Salez et poivrez.

Pour une salade à la feta, aux noix et aux olives,
remplacez le fromage de chèvre par de la feta. Ajoutez
quelques olives noires, de type kalamata, coupées
en tout petits morceaux.

mesclun aux pignons

Pour **4 personnes**
Préparation **10 minutes**
Cuisson **15 minutes**

120 g de **riz long grain**
50 g de **mesclun**
une dizaine de petites
   tomates cerises
1 petite **branche de céleri**
   découpée en dés
1 petit morceau
   de **parmesan** râpé
30 g de **pignons de pin**
5 feuilles de **basilic** hachées

Vinaigrette
1 c. à s. de **vinaigre de vin**
3 c. à s. d'**huile d'olive**
sel et **poivre**

Faites cuire le riz façon créole (voir page 28). Il doit être cuit mais encore légèrement croquant. Versez-le dans un égouttoir, arrêtez la cuisson sous un filet d'eau froide, égouttez avec soin et laissez refroidir.

Disposez le riz et les feuilles de mesclun dans un grand bol. Ajoutez les tomates cerises, les dés de céleri, le parmesan râpé et les pignons.

Pour la vinaigrette, mélangez le vinaigre et 1 pincée de sel dans un bol. Versez l'huile d'olive peu à peu sans cesser de fouetter, puis versez sur la salade. Parsemez des feuilles de basilic hachées au moment de servir.

Pour 4 wraps au poulet, poêlez 2 escalopes de poulet. Découpez-les ensuite en petits dés. Étalez les wraps sur votre plan de travail. Badigeonnez-les de tapenade. Garnissez avec la salade de riz au mesclun et aux pignons. Ajoutez les dés de poulet puis roulez les wraps. Rabattez les côtés pour qu'ils soient parfaitement hermétiques. Disposez dans un plat à four ou sur une plaque, saupoudrez de gruyère râpé et placez 5 minutes sous le gril.

artichauts à la menthe

Pour **4 personnes**
Préparation **10 minutes**
Cuisson **20 minutes**

6 petits **artichauts violets**
jus de citron
  pour les artichauts
4 feuilles de **menthe**
120 g de **riz long grain**

Vinaigrette
1 c. à s. de **vinaigre de vin**
1 c. à c. de **moutarde fine**
2 c. à s. d'**huile de tournesol**
sel et **poivre du moulin**

Ôtez les premières feuilles des artichauts puis coupez leur extrémité en gardant 2 à 3 cm de feuilles. Coupez les pieds. Ôtez le foin si nécessaire et citronnez vos artichauts pour éviter qu'ils ne noircissent.

Versez de l'eau dans le cuit-vapeur et ajoutez les feuilles de menthe. Déposez les artichauts dans le panier du haut, couvrez et laissez cuire environ 20 minutes.

Pendant ce temps, faites cuire le riz façon créole (voir page 28). Le riz doit être cuit mais encore légèrement croquant. Placez-le dans un égouttoir, arrêtez la cuisson sous un filet d'eau froide, égouttez soigneusement puis laissez refroidir.

Pour la vinaigrette, versez le vinaigre dans un bol, incorporez la moutarde, salez légèrement, fouettez et ajoutez l'huile peu à peu. Poivrez.

Disposez le riz froid et les artichauts dans un grand bol, puis ajoutez la vinaigrette.

Pour gagner du temps, vous pouvez utiliser des cœurs d'artichaut déjà prêts et les découper en petits cubes.

salade endives
et olives à la sauce crémée

Pour **4 personnes**
Préparation **10 minutes**
Cuisson **15 minutes**

120 g de **riz long grain**
3 belles **endives**
une douzaine d'**olives noires**
le **zeste** râpé de 1 **orange**
   non traitée
2 c. à c. de **jus de citron**
3 c. à s. de **crème fraîche**
sel et **poivre du moulin**

Faites cuire le riz façon créole : 15 minutes de cuisson dans un grand volume d'eau bouillante (voir page 28). Le riz doit être cuit mais encore légèrement croquant. Versez-le dans un égouttoir, arrêtez la cuisson sous un filet d'eau froide, égouttez soigneusement et laissez refroidir.

Lavez les endives, essuyez-les dans un torchon propre puis hachez-les finement.

Disposez le riz et les endives dans un grand saladier. Ajoutez les olives et le zeste d'orange râpé.

Versez le jus de citron et la crème dans un bol. Salez, poivrez puis fouettez rapidement. Couvrez la salade de sauce crémée au moment de servir.

Pour une salade plus complète, ajoutez 1 poignée de grains de raisin, quelques noix de cajou concassées, 3 ou 4 tomates cerises et des minidés de fenouil.

salade de riz sauvage au saumon fumé

Pour **4 personnes**
Préparation **10 minutes**
Cuisson **45 minutes**

30 cl d'**eau**
125 g de **riz sauvage**
200 g de **saumon fumé**
en tranches
1 c. à s. de **graines
de sésame** grillées
sel et **poivre du moulin**

Vinaigrette
½ c. à c. de **moutarde fine
de Dijon**
1 c. à s. de **vinaigre
de cidre**
3 c. à s. d'**huile de tournesol**
1 c. à s. de **sirop d'érable**
1 c. à s. de **sauce soja**
sel et **poivre du moulin**

Dans une grande casserole, portez l'eau
à ébullition. Salez, versez le riz en pluie et remuez.
Couvrez et laissez cuire doucement 45 minutes. Le riz
doit être cuit mais encore un peu croquant. Versez-le
dans un égouttoir, arrêtez la cuisson sous un filet d'eau
froide, puis égouttez avec soin.

Pour préparer la vinaigrette, déposez la moutarde
dans un bol puis ajoutez le vinaigre de cidre, l'huile
de tournesol, le sirop d'érable et la sauce soja. Salez
et poivrez.

Déposez le riz sauvage froid dans un saladier,
puis répartissez le saumon fumé découpé en rubans.
Couvrez de sauce. Saupoudrez de graines de sésame.
Poivrez.

**Pour une salade de riz sauvage à la truite ou
au hareng,** remplacez le saumon fumé par des filets
de truite ou de hareng fumé, découpés en deux.
Servez avec de petits toasts au tarama.

salade de riz aux agrumes

Pour **4 personnes**
Préparation **15 minutes**
Cuisson **15 minutes**

120 g de **riz long grain**
1 **orange**
1 **pamplemousse**
1 c. à s. de **fines herbes**
   hachées
une douzaine de **pistaches**
   séchées

Sauce
6 c. à s. de **jus d'orange**
5 c. à s. de **jus**
   de pamplemousse
1 c. à s. de **miel**
2 c. à s. d'**huile de tournesol**
1 c. à c. de **gingembre** frais
   râpé
sel et **poivre du moulin**

Faites cuire le riz façon créole, 15 minutes dans un grand volume d'eau bouillante (voir page 28). Le riz doit être cuit mais encore légèrement croquant. Versez-le dans un égouttoir, arrêtez la cuisson sous un filet d'eau froide, égouttez soigneusement, puis laissez refroidir.

Épluchez l'orange et le pamplemousse. Découpez la chair en gros dés, en ôtant les peaux blanches.

Déposez le riz dans un grand saladier puis ajoutez les dés d'orange et de pamplemousse.

Pour préparer la sauce, mélangez en fouettant le jus d'orange, le jus de pamplemousse, le miel et l'huile de tournesol. Salez et poivrez. Ajoutez le gingembre râpé et remuez.

Versez la sauce sur la salade de riz. Saupoudrez de fines herbes hachées et décorez avec les pistaches.

Pour une salade aux agrumes et aux crevettes, ajoutez 5 ou 6 crevettes cuites et coupées en tronçons. Pour une recette encore plus goûteuse, ajoutez 2 gambas rayées que vous découperez également en tronçons après les avoir cuites dans un simple bouillon épicé au paprika et au sel.

tomates cerises et séchées au vinaigre balsamique

Pour **4 personnes**
Préparation **10 minutes**
Cuisson **15 minutes**

30 cl d'**eau**
120 g de **riz long grain**
12 **tomates cerises**
100 g de **tomates séchées
à l'huile**
10 petites **olives noires**
1 petit **oignon rouge**
5 feuilles de **basilic**
100 g de **pois gourmands**
déjà cuits
sel et **poivre du moulin**

Vinaigrette
1 c. à s. de **vinaigre
balsamique**
1 c. à c. de **moutarde**
3 c. à s. d'**huile d'olive
au basilic**
sel

Dans une grande casserole, portez l'eau à ébullition. Salez, versez le riz en pluie et remuez. Couvrez et baissez à feu doux. Laissez cuire doucement pendant environ 15 minutes. Le riz doit être cuit mais encore légèrement croquant. Versez-le dans un égouttoir, arrêtez la cuisson sous un filet d'eau froide. Laissez refroidir.

Rincez et essuyez soigneusement les tomates cerises. Égouttez les tomates séchées à l'huile et détaillez-les en fines lanières. Rincez et égouttez les olives. Épluchez l'oignon rouge et découpez-le en fines tranches. Lavez et hachez les feuilles de basilic.

Pour préparer la vinaigrette, versez le vinaigre dans un bol, délayez la moutarde, salez et ajoutez l'huile d'olive. Fouettez rapidement.

Déposez le riz, les pois gourmands, les tomates cerises et les lanières de tomate dans un saladier. Ajoutez les tranches d'oignon, les feuilles de basilic et les olives noires puis couvrez de sauce vinaigrette. Poivrez généreusement.

Servez très frais.

Pour un assaisonnement différent, un vinaigre de cidre remplacera très bien le vinaigre balsamique et sera plus léger de texture.

salade fenouil et pommes

Pour **4 personnes**
Préparation **15 minutes**
Cuisson **12 minutes**

30 cl d'**eau**
120 g de **riz long grain**
2 petits bulbes de **fenouil**
3 **pommes acides**
   de type granny-smith
le **jus** de 1 **citron vert**
sel

Dans une grande casserole, portez 30 cl d'eau à ébullition. Salez, versez le riz en pluie et remuez. Couvrez et baissez à feu doux. Laissez cuire doucement pendant environ 12 minutes. Le riz doit être cuit mais encore légèrement croquant. Versez-le dans un égouttoir, arrêtez la cuisson sous un filet d'eau froide, égouttez soigneusement et laissez refroidir.

Lavez le fenouil. Découpez les bulbes en quatre, puis détaillez-les en très petits dés. Épluchez les pommes, coupez-les en quatre, ôtez les pépins et découpez-les en très petits dés. Arrosez les pommes et le fenouil de jus de citron vert.

Déposez les dés de pomme et de fenouil dans le saladier, avec le riz.

Pour 4 verrines fraîcheur, déposez au fond de chaque verrine 2 cuillerées à café de brousse ou de brocciu, ou tout autre fromage frais de chèvre ou de brebis. Disposez dessus la salade fenouil-pommes. Terminez par quelques fines lamelles de champignons de Paris, légèrement citronnées, ou quelques brisures de noix.

salade pommes, poires, sauce et noix

Pour **4 personnes**
Préparation **10 minutes**
Cuisson **15 minutes**

30 cl d'**eau**
120 g de **riz long grain**
2 **pommes acides**
2 **poires**
le **jus** et le **zeste** râpé
   de 1 **citron** non traité
1 poignée de **cerneaux**
   de noix

Vinaigrette
1 c. à c. de **moutarde**
   en grains
1 c. à s. de **vinaigre**
   de cidre
1 c. à s. d'**huile de noix**
2 c. à s. d'**huile de tournesol**
sel et **poivre du moulin**

Dans une grande casserole, portez l'eau à ébullition. Salez, versez le riz en pluie et remuez. Couvrez et baissez à feu doux. Laissez cuire doucement pendant environ 15 minutes. Le riz doit être cuit mais encore légèrement croquant. Versez-le dans un égouttoir, arrêtez la cuisson sous un filet d'eau froide. Laissez refroidir.

Épluchez les pommes et les poires, ôtez les pépins puis découpez-les en dés. Arrosez-les de jus de citron.

Pour préparer la vinaigrette, versez la moutarde en grains dans un bol, incorporez le vinaigre, salez légèrement, fouettez et ajoutez les deux huiles peu à peu, sans cesser de remuer. Poivrez.

Disposez le riz, les dés de pomme et de poire, puis les cerneaux de noix dans un grand bol. Ajoutez le zeste de citron râpé et la sauce vinaigrette.

Pour une version plus énergisante, vous pouvez ajouter 1 cuillerée à soupe de graines de tournesol et quelques dés de tofu.

feta et olives kalamata à la vinaigrette

Pour **4 personnes**
Préparation **10 minutes**
Cuisson **15 minutes**

30 cl d'**eau**
120 g de **riz long grain**
4 **tomates**
1 **oignon blanc**
1 gousse d'**ail**
200 g de **feta**
une vingtaine d'**olives grecques**
1 c. à s. de **câpres au vinaigre**
4 c. à s. de **persil** haché
quelques feuilles de **basilic**

Vinaigrette
1 c. à s. de **vinaigre de vin**
3 c. à s. d'**huile d'olive**
1 pincée de feuilles de **thym**
sel et **poivre du moulin**

Dans une grande casserole, portez l'eau à ébullition. Salez, versez le riz en pluie et remuez. Couvrez et baissez à feu doux. Laissez cuire doucement pendant environ 15 minutes. Le riz doit être cuit mais encore légèrement croquant. Versez-le dans un égouttoir, arrêtez la cuisson sous un filet d'eau froide. Laissez refroidir.

Lavez les tomates et essuyez-les. Coupez-les en gros dés. Épluchez et hachez l'oignon blanc et la gousse d'ail. Détaillez la feta en petits dés. Découpez la chair des olives en petites lanières. Égouttez les câpres.

Déposez le riz dans un saladier. Couvrez de tomate, d'oignon, d'ail, de dés de feta, d'olive, de câpres et de persil haché.

Pour préparer la vinaigrette, mélangez le vinaigre et 1 pincée de sel. Versez peu à peu l'huile d'olive, sans cesser de fouetter, ajoutez la pincée de thym et versez sur la salade. Poivrez.

Rincez les feuilles de basilic, essuyez-les, puis hachez-les. Disposez-les sur la salade au moment de servir.

Pour une sauce plus douce, vous pouvez préparer une vinaigrette avec 2 cuillerées à café de moutarde, 2 cuillerées à café de miel et 2 cuillerées à soupe de vinaigre de vin, que vous monterez comme une mayonnaise avec un filet d'huile d'olive.

avec
les doigts

bouchées de riz au coco

Pour **4 à 6 personnes**
Préparation **5 minutes**
  + 1 heure de trempage
Cuisson **8 minutes**

200 g de **riz gluant**
12 cl de **lait de coco**
1 pincée de **sel**

Mettez le riz dans un grand récipient et couvrez-le d'eau. Laissez-le tremper au moins 1 heure, puis égouttez-le. Déposez-le au centre d'un torchon propre.

Faites chauffer de l'eau dans un cuit-vapeur. Déposez le torchon contenant le riz dans le panier. Couvrez et laissez cuire 8 à 10 minutes.

Ouvrez le torchon, laissez refroidir 1 minute, puis déposez le riz dans un plat creux.

Versez le lait de coco, salez, remuez et servez tiède.

Pour servir, amusez-vous à mouler le riz dans de petites tasses à café. Démoulez les dômes de riz sur de petites assiettes.

À savourer avec les doigts ou à la petite cuillère.

Pour une version fruitée, vous pouvez incorporer quelques litchis ou 1 quartier de mangue, coupés en dés, dans le riz cuit, juste avant de le façonner et de le mouler. Dans ce cas, laissez refroidir le riz et servez très frais.

nems aux crevettes

Pour **4 personnes**
Préparation **25 minutes**
  + 15 minutes de trempage
Cuisson **5 minutes**

30 g de **vermicelles de riz**
200 g de **crevettes** crues
  décortiquées
200 g de **blanc de poulet**
1 **carotte** râpée
1 gousse d'**ail** hachée
1 c. à s. de **noix de coco**
  râpée
12 **galettes de riz**
huile végétale
sel et **poivre du moulin**

Déposez les vermicelles de riz dans un bol, couvrez-les d'eau tiède et laissez-les tremper 15 minutes. Faites-les cuire 3 minutes dans une casserole d'eau bouillante salée puis égouttez-les.

Hachez les crevettes et le blanc de poulet. Dans un grand bol, mélangez-les aux vermicelles, à la carotte râpée, à la gousse d'ail hachée et à la noix de coco râpée. Salez, poivrez et remuez.

Trempez rapidement chaque galette de riz dans une assiette creuse remplie d'eau légèrement sucrée. Laissez ramollir, épongez rapidement puis étalez sur un plan de travail. Disposez un peu de farce sur chaque galette. Rabattez la base et deux côtés vers l'intérieur de la galette puis roulez-la.

Faites frire les rouleaux dans une huile très chaude puis égouttez-les sur du papier absorbant.

Servez les nems tièdes avec quelques feuilles de salade, de la menthe fraîche et de la sauce épicée.

Pour varier les goûts, vous pouvez remplacer les crevettes par les crustacés de votre choix : langoustines, gambas, écrevisses. De même, vous pouvez remplacer le poulet par la même quantité de dinde ou 2 tranches de rôti de veau ou de filet mignon.

nems au poulet

Pour **4 personnes**
Préparation **35 minutes**
  + 30 minutes de trempage
Cuisson **5 minutes**

4 **champignons noirs**
  parfumés
40 g de **vermicelles de riz**
200 g de **filet de porc** haché
200 g de **blanc de poulet**
  haché
1 **carotte** râpée
1 gousse d'**ail** hachée
1 c. à c. de **gingembre** frais
  râpé
1 c. à s. de **nuoc-mâm**
12 **galettes de riz**
huile végétale
sel et **poivre du moulin**

Déposez les champignons noirs dans un bol d'eau
tiède et laissez-les tremper environ 30 minutes.
Égouttez-les, essuyez-les puis hachez-les.

Déposez les vermicelles de riz dans un grand bol,
couvrez-les d'eau tiède et laissez tremper 15 minutes.
Faites-les cuire 3 minutes dans une casserole d'eau
bouillante salée. Égouttez-les.

Dans un grand saladier, déposez le porc, le poulet,
les vermicelles de riz, les champignons, la carotte,
la gousse d'ail, le gingembre et le nuoc-mâm.
Salez, poivrez et remuez.

Trempez rapidement chaque galette de riz dans
une assiette creuse remplie d'eau légèrement sucrée.
Laissez ramollir puis étalez les galettes sur un plan
de travail. Disposez un peu de farce sur chaque
galette. Rabattez la base et deux côtés vers
l'intérieur de la galette puis roulez-la.

Faites frire les rouleaux dans une huile très chaude
et égouttez-les sur du papier absorbant.

Servez les nems tièdes avec quelques feuilles
de salade, de la menthe fraîche et de la sauce épicée.

Cette recette est plus festive et goûteuse avec
des girolles à la place des champignons noirs.

rouleaux de printemps

Pour **4 personnes**
Préparation **25 minutes**
  + 15 minutes de trempage
Cuisson **3 minutes**

40 g de **vermicelles de riz**
quelques feuilles
  de **salade verte**
50 g de **germes de soja**
frais
12 **galettes de riz**
150 g de **carottes** râpées
200 g de **crevettes** cuites
  décortiquées
2 c. à s. de **menthe** hachée
1 c. à s. de feuilles
  de **coriandre** hachées
quelques **tiges de cive**

Pour servir
sauces pimentées,
  douces ou fortes,
  selon les goûts

Déposez les vermicelles de riz dans un grand bol. Couvrez-les d'eau tiède, laissez-les tremper 15 minutes puis faites-les cuire environ 3 minutes dans une casserole d'eau bouillante salée. Égouttez-les.

Lavez puis séchez les feuilles de salade et les germes de soja.

Trempez rapidement chaque galette de riz dans une assiette creuse remplie d'eau légèrement sucrée. Laissez-les ramollir, épongez rapidement, puis étalez-les sur un plan de travail.

Déposez sur chaque galette un peu de carottes râpées, des crevettes, des vermicelles, quelques germes de soja, un peu de menthe et de coriandre. Rabattez la base et deux côtés vers l'intérieur de la galette, puis roulez-la.

Glissez une tige de cive dans chaque rouleau de printemps.

Une variante consiste à remplacer les crevettes par du lapin cuit découpé en fines lanières ou en très petits cubes.

cornets saumon-aneth

Pour **4 personnes**
Préparation **30 minutes**
  + 30 minutes de repos
Cuisson **15 minutes**

Pour le riz
200 g de **riz à sushis**
25 cl d'**eau**
8 cl de **vinaigre de riz japonais**
2 c. à s. de **sucre en poudre**
½ c. à c. de **sel**

Pour la garniture
6 feuilles de **nori**
250 g de **saumon fumé**
sauce soja japonaise (shoyu)
pâte wasabi
gingembre au vinaigre japonais (gari)
quelques brins d'**aneth**

Préparez le riz à sushis (voir page 42).

Découpez les feuilles de nori en quatre.

Découpez le saumon fumé en lamelles.

Dans des coupelles, versez un peu de sauce shoyu puis répartissez la pâte wasabi, le gingembre au vinaigre et les brins d'aneth.

Disposez les feuilles de nori et les lamelles de saumon sur une assiette.

Chacun façonnera ses cornets à la main, en tartinant la feuille de nori de riz puis en ajoutant une pointe de wasabi et un peu de garniture avant de la rouler. Il suffira alors de tremper rapidement le cornet dans la sauce soja.

Pour une recette encore plus riche en protéines et plus colorée, ajoutez 1 cuillerée à soupe d'œufs de poisson dans chaque cornet.

cornets aux œufs de poisson

Pour **4 personnes**
Préparation **30 minutes**
  + 30 minutes de repos
Cuisson **15 minutes**

Pour le riz
200 g de **riz à sushis**
25 cl d'**eau**
8 cl de **vinaigre de riz japonais**
2 c. à s. de **sucre en poudre**
½ c. à c. de **sel**

Pour la garniture
6 feuilles de **nori**
sauce soja japonaise (shoyu)
pâte wasabi
gingembre au vinaigre japonais (gari)
quelques feuilles de **basilic**
200 g d'**œufs de saumon** ou **de cabillaud**

Préparez le riz à sushis (voir page 42).

Découpez les feuilles de nori en quatre.

Répartissez dans des coupelles la sauce shoyu, la pâte wasabi, le gingembre au vinaigre et les feuilles de basilic.

Disposez les feuilles de nori et les œufs de poisson sur une assiette.

Chacun façonnera ses cornets à la main, en tartinant la feuille de nori de riz puis en ajoutant une pointe de wasabi et un peu de garniture avant de la rouler. Il suffira alors de tremper rapidement le cornet dans la sauce soja.

Pour des cornets au poisson cru, remplacez les œufs de poisson par 200 g de tartare de poisson (thon rouge, daurade) que vous assaisonnerez d'une pointe de poivre du Sichuan.

cornets avocat-crabe

Pour **4 personnes**
Préparation **30 minutes**
  + 30 minutes de repos
Cuisson **15 minutes**

Pour le riz
200 g de **riz à sushis**
25 cl d'**eau**
8 cl de **vinaigre de riz
japonais**
2 c. à s. de **sucre en poudre**
½ c. à c. de **sel**

Pour la garniture
6 feuilles de **nori**
1 **avocat**
le **jus** de 1 **citron**
sauce soja japonaise
  (shoyu)
pâte wasabi
**gingembre au vinaigre
japonais** (gari)
100 g de **chair de crabe**
  cuit et décortiqué

Préparez le riz à sushis (voir page 42).

Découpez les feuilles de nori en quatre.

Pelez l'avocat et découpez-le en lamelles. Arrosez-les de jus de citron.

Dans des coupelles, versez un peu de sauce shoyu et de pâte wasabi. Disposez les lamelles de gingembre au vinaigre dans un petit bol.

Disposez les feuilles de nori, les lamelles d'avocat et le crabe sur une assiette.

Chacun façonnera ses cornets à la main, en tartinant la feuille de nori de riz puis en ajoutant une pointe de wasabi et un peu de garniture avant de la rouler. Il suffira alors de tremper rapidement le cornet dans la sauce soja.

Pour des cornets crevette-avocat, remplacez la chair de crabe par des crevettes ou, si vous voulez faire des économies, par des bâtonnets de surimi découpés en fines rondelles. Quant au wasabi, sorte de raifort japonais, vous le trouverez aisément dans n'importe quelle épicerie asiatique.

cornets végétariens

Pour **4 personnes**
Préparation **30 minutes**
  + 30 minutes de repos
Cuisson **15 minutes**

Pour le riz
200 g de **riz à sushis**
25 cl d'**eau**
8 cl de **vinaigre de riz
japonais**
2 c. à s. de **sucre en poudre**
½ c. à c. de **sel**

Pour la garniture
6 feuilles de **nori**
1 **concombre**
sauce soja japonaise
  (shoyu)
pâte wasabi
**gingembre au vinaigre
japonais** (gari)
1 dizaine de feuilles
  de **basilic**
2 c. à s. de **graines
de sésame** grillées

Préparez le riz à sushis (voir page 42).

Découpez les feuilles de nori en quatre.

Rincez le concombre, coupez-le en deux dans le sens
de la longueur puis détaillez-le en lanières d'environ
4 cm.

Dans des coupelles, versez un peu de sauce shoyu
puis répartissez la pâte wasabi, le gingembre au vinaigre,
les feuilles de basilic et les graines de sésame.

Disposez les feuilles de nori et les lanières de concombre
sur une assiette.

Chacun façonnera ses cornets à la main, en tartinant
la feuille de nori de riz puis en ajoutant une pointe
de wasabi et un peu de garniture avant de la rouler.
Il suffira alors de tremper rapidement le cornet
dans la sauce soja.

Pour donner une touche de couleur, ajoutez
quelques lanières de carotte crue ou des blancs
de poireau poêlés au wok et émincés.

feuilles de vigne au citron

Pour **4 à 6 personnes**
Préparation **35 minutes**
Cuisson **1 heure**

200 g de **riz rond**
300 g d'**agneau** haché
3 feuilles de **menthe**
  hachées finement
1 botte de **persil plat**
  haché finement
le **zeste** de 1 **citron**
  finement râpé
1 **oignon**
1 c. à s. d'**huile d'olive**
3 gousses d'**ail**
250 g de **feuilles de vigne**
  prêtes à être farcies
1 litre de **bouillon
  de légumes** chaud
le **jus** de 2 **citrons**
1 pincée de **cannelle
  en poudre**
sel et **poivre du moulin**

Rincez soigneusement le riz rond.

Mélangez la viande d'agneau, la menthe, le persil et le zeste de citron râpé. Poivrez et salez généreusement puis mélangez.

Épluchez l'oignon et hachez-le finement.

Faites chauffer l'huile d'olive dans une poêle antiadhésive, versez l'oignon et laissez blondir. Ajoutez le riz et laissez-le devenir transparent. Ajoutez la farce. Remuez et laissez cuire environ 5 minutes.

Épluchez les gousses d'ail. Rincez et égouttez les feuilles de vigne puis étalez-les sur un plan de travail.

Déposez un peu de farce au milieu d'une feuille, repliez les bords et roulez-la sur elle-même en serrant bien. Garnissez les autres feuilles de la même façon.

Rangez les feuilles de vigne farcies au fond d'une cocotte. Déposez les gousses d'ail dessus et couvrez de bouillon chaud. Ajoutez éventuellement de l'eau. Portez au frémissement puis laissez cuire doucement, environ 40 minutes, à couvert. Ajoutez le jus de citron et la pincée de cannelle puis laissez cuire 8 à 10 minutes de plus. Servez tiède.

Pour une variante moins calorique, vous pouvez remplacer la viande d'agneau par du veau.

bouchées crevettes-coco

Pour **4 à 6 personnes**
Préparation **15 minutes**
Cuisson **20 minutes**

180 g de **riz long grain**
30 cl d'**eau**
1,5 litre de **lait de coco**
le **zeste** de 1 **citron**
  non traité
400 g de **crevettes** crues
  décortiquées
1 c. à c. de **gingembre** frais
  haché
1 **jaune d'œuf**
1 tranche de **pain de mie**
1 c. à c. de **fécule de maïs**
sel et **poivre du moulin**

Préparez le riz. Rincez-le plusieurs fois à l'eau froide jusqu'à ce que l'eau devienne claire puis égouttez-le dans une passoire. Déposez le riz dans une casserole à fond épais. Versez l'eau. Salez et poivrez. Portez à ébullition puis couvrez. Baissez le feu et laissez cuire environ 15 minutes.

Versez le lait de coco et le zeste de citron dans une grande casserole à fond épais. Poivrez et portez au frémissement.

Découpez les crevettes en gros morceaux. Déposez-les dans le bol de votre mixeur avec le gingembre, le jaune d'œuf, le pain de mie et la fécule de maïs. Poivrez légèrement. Mixez finement le tout puis formez avec les doigts des boulettes de même taille. Déposez-les dans la casserole de lait de coco. Laissez cuire environ 8 minutes à petits bouillons.

Ôtez la casserole de riz du feu après les 15 minutes de cuisson et laissez reposer à couvert environ 10 minutes. Aérez le riz en remuant avec une fourchette.

Égouttez les boulettes aux crevettes et servez aussitôt.

Pour des bouchées pimentées, vous pouvez incorporer dans le mixeur 3 ou 4 crevettes séchées qui apporteront une saveur différente, plus prononcée, et du croustillant. Pour donner une note piquante, ajoutez 1 petit piment rouge.

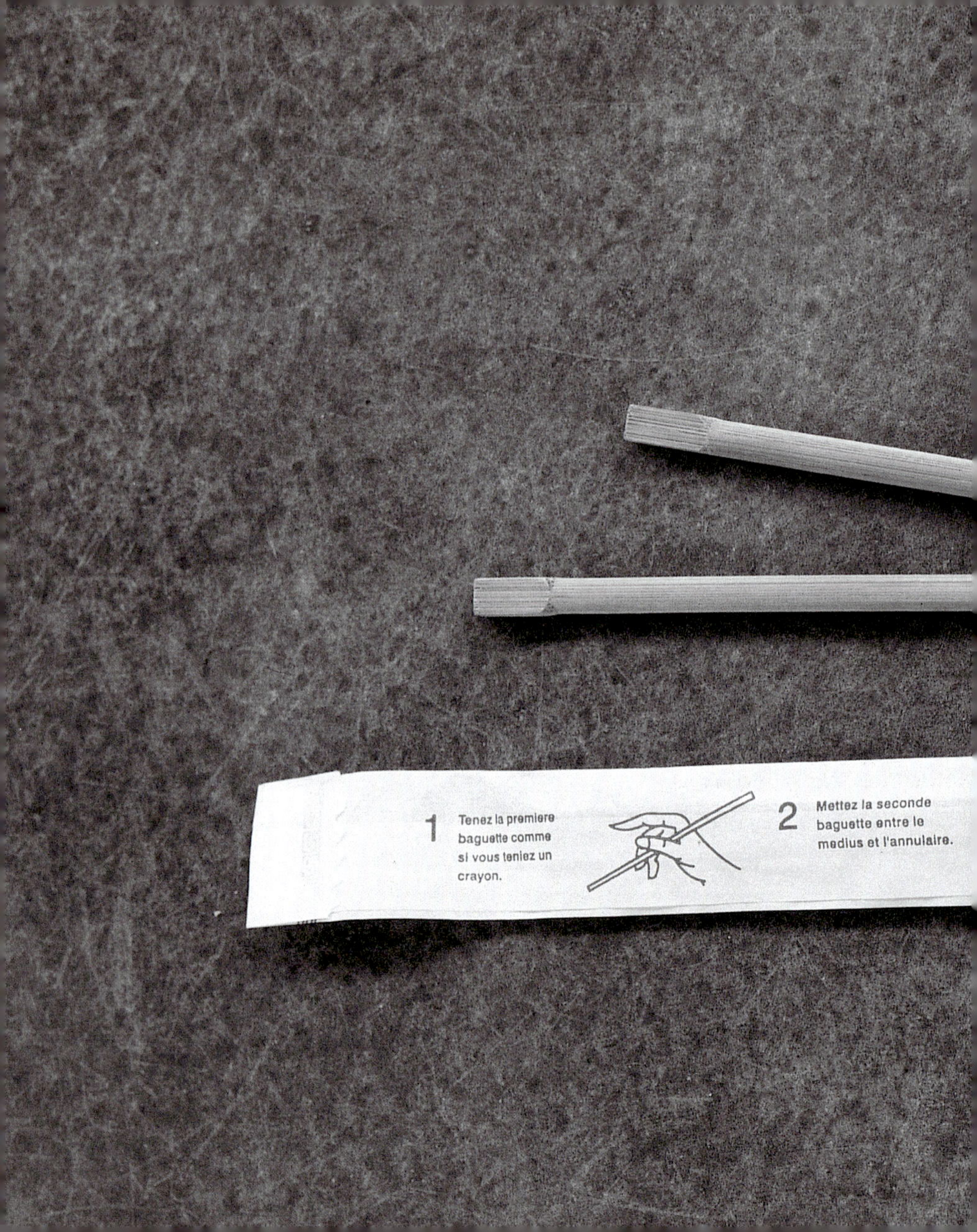

1 Tenez la première
baguette comme
si vous teniez un
crayon.

2 Mettez la seconde
baguette entre le
medius et l'annulaire.

wok

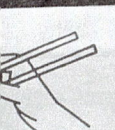

3 La seconde baguette restera immobile tandis que vous actionnerez seulement la première.

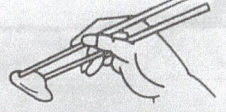

émincé de bœuf à l'orange

Pour **4 personnes**
Préparation **20 minutes**
Cuisson **15 minutes**

400 g de **filet de bœuf**
3 c. à s. de **sauce soja**
le **zeste** de 1 **orange**
   non traitée
180 g de **riz long grain**
30 cl d'**eau**
1 c. à s. d'**huile d'arachide**
3 beaux **oignons**
   découpés en rondelles
sel et **poivre du moulin**

Découpez le filet de bœuf en fines lanières d'environ 5 à 6 cm de long. Déposez-les dans un plat. Couvrez de sauce soja, mélangez et recouvrez de film alimentaire. Laissez au frais le temps de la cuisson du riz.

Détaillez le zeste d'orange en petites lanières.

Préparez le riz : rincez-le plusieurs fois à l'eau froide jusqu'à ce que l'eau devienne claire puis égouttez-le dans une passoire. Déposez le riz dans une casserole à fond épais. Versez l'eau, salez et poivrez. Portez à ébullition, couvrez, baissez le feu et laissez cuire environ 15 minutes. Ôtez la casserole du feu et laissez à couvert environ 10 minutes. Aérez le riz en remuant avec des baguettes.

Faites chauffer l'huile d'arachide dans le wok. Déposez-y les lanières de bœuf égouttées. Faites-les revenir à feu assez vif puis réservez-les au chaud sur la grille du wok.

Faites revenir les oignons dans le wok. Ajoutez les lanières d'orange. Remuez puis ajoutez le bœuf. Salez, poivrez et laissez cuire encore 1 minute.

Servez aussitôt, accompagné du riz nature.

Pour une version plus parfumée, vous pouvez remplacer l'huile d'arachide par de l'huile d'argan.

porc aux cinq parfums

Pour **4 personnes**
Préparation **20 minutes**
Cuisson **5 minutes**

1 c. à s. d'**huile d'arachide**
½ **poivron rouge**
  découpé en fines lanières
400 g de **filet de porc**
  découpé en dés
1 c. à c. de **cinq-épices**
  ou de **curry en poudre**
200 g de **riz long grain**
  déjà cuit
sel et **poivre du moulin**

Faites chauffer 1 cuillerée à soupe d'huile dans le wok. Versez les lanières de poivron et faites-les sauter 1 minute. Déposez les dés de porc dans le wok et faites-les dorer à feu vif environ 2 minutes. Salez, poivrez et saupoudrez de cinq-épices.

Incorporez le riz. Baissez le feu et laissez cuire encore 2 ou 3 minutes.

Servez aussitôt.

Pour un repas complet, faites revenir à part, dans une poêle ou dans un wok, 200 g de pois gourmands, 200 g de petits pois, 3 carottes détaillés en fins bâtonnets et 3 feuilles de chou vert découpées en fines lanières. Assaisonnez-les de 1 cuillerée à café de cinq-épices, de sel et de poivre. Mouillez avec 3 cuillerées à soupe d'eau. Ajoutez au porc aux cinq parfums au moment de servir.

crevettes au gingembre

Pour **4 personnes**
Préparation **10 minutes**
Cuisson **20 minutes**

180 g de **riz long grain**
30 cl d'**eau**
2 pincées de **piment**
   en poudre
12 grosses **crevettes**
1 c. à s. d'**huile végétale**
1 c. à c. de **gingembre** frais
   râpé
1 gousse d'**ail** hachée
2 **oignons** hachés
2 pincées de **curcuma**
   en poudre
sel et **poivre du moulin**

Préparez la cuisson du riz. Rincez-le plusieurs fois à l'eau froide jusqu'à ce que l'eau devienne claire puis égouttez-le dans une passoire. Déposez le riz dans une casserole à fond épais. Versez l'eau, ajoutez 1 pincée de piment, salez et poivrez. Portez à ébullition puis couvrez. Baissez le feu et laissez cuire environ 15 minutes. Ôtez la casserole du feu et laissez à couvert environ 10 minutes. Aérez le riz en remuant avec des baguettes.

Décortiquez les crevettes.

Faites chauffer l'huile dans un wok. Faites dorer le gingembre, l'ail et les oignons quelques instants puis ajoutez le curcuma et la seconde pincée de piment.

Laissez chauffer les épices puis versez les crevettes. Remuez et laissez cuire 8 à 10 minutes. Salez et poivrez.

Disposez les crevettes dans un grand bol, accompagnées de riz.

Pour une version plus épicée, vous pouvez ajouter quelques gouttes de Ma Po (ou *spicy bean sauce*), sauce du Sichuan préparée avec de la pâte de soja fermenté, du piment salé et une concassée de tomates. Vous la trouverez aisément dans les épiceries chinoises ou au rayon «Asie» des épiceries traditionnelles.

bœuf au gingembre et à la tomate

Pour **4 personnes**
Préparation **15 minutes**
Cuisson **10 minutes**

400 g de **filet de bœuf**
1 c. à s. d'**huile végétale**
1 c. à c. de **gingembre** râpé
1 c. à s. de **concentré
de tomate**
1 pincée de **sucre en poudre**
2 c. à s. de **sauce soja**
400 g de **riz long grain**
déjà cuit
sel et **poivre du moulin**

Découpez le filet de bœuf en fines lanières d'environ
4 à 5 cm de long.

Faites chauffer l'huile dans un wok et versez
le gingembre râpé. Donnez un tour de cuillère,
ajoutez le concentré de tomate et la pincée de sucre.

Versez les lanières de bœuf dans le wok, laissez
cuire 2 ou 3 minutes puis ajoutez la sauce soja.
Ôtez la viande et réservez.

Versez le riz dans la poêle et laissez cuire
2 à 3 minutes.

Disposez les lanières de viande sur le riz
et servez aussitôt.

Pour une version plus légère, remplacez le bœuf
par des lanières de poulet. Vous pouvez faire macérer
le poulet dans 5 cuillerées à soupe de sauce soja.

boulettes d'agneau et riz blanc

Pour **4 à 6 personnes**
Préparation **25 minutes**
Cuisson **25 minutes**

1 petite botte de **persil**
600 g d'**agneau** haché
2 pincées de **cannelle
en poudre**
2 **œufs**
40 g de **pignons de pin**
1 c. à s. de **farine**
1 c. à s. d'**huile végétale**
2 **oignons** hachés
80 cl de **bouillon de légumes**
le **jus** de 2 **oranges**
200 g de **riz long grain**
huile végétale
sel et **poivre du moulin**

Lavez le persil, séchez-le puis hachez-le.

Disposez la viande d'agneau dans un saladier, saupoudrez de cannelle, salez, poivrez puis ajoutez les œufs, les pignons, la farine et le persil haché. Mélangez bien puis formez des boulettes identiques.

Faites chauffer l'huile dans un wok puis faites dorer les oignons. Ajoutez les boulettes de viande, en les retournant avec une spatule pour qu'elles dorent bien. Couvrez de 50 cl de bouillon. Portez au frémissement, salez, poivrez légèrement et ajoutez le jus d'orange. Laissez cuire doucement environ 15 minutes.

Pendant ce temps, préparez le riz. Faites chauffer l'huile dans une casserole et faites dorer le riz. Versez les 30 cl de bouillon restant, salez, poivrez, portez au frémissement, couvrez et laissez cuire doucement environ 15 minutes.

Servez les boulettes d'agneau avec le riz.

Pour des boulettes d'agneau au safran, vous pouvez ajouter dans l'huile chaude, en même temps que les oignons, ½ cuillerée à café de pistils de safran. La recette sera encore plus parfumée.

petits légumes et champignons noirs

Pour **4 personnes**
Préparation **20 minutes**
  + 30 minutes de trempage
Cuisson **20 minutes**

200 g de **riz long grain**
30 cl d'**eau**
6 **champignons noirs**
  séchés
150 g de **haricots verts**
  extrafins, lavés
  et équeutés
120 g de **brocoli**
1 c. à s. d'**huile végétale**
1 **courgette** découpée
  en bâtonnets
1 **carotte** découpée
  en bâtonnets
1 c. à c. de **gingembre** râpé
sel et **poivre du moulin**

Déposez le riz dans une casserole à fond épais.
Versez l'eau. Salez et poivrez. Portez à ébullition,
couvrez, baissez le feu et laissez cuire environ
15 minutes. Ôtez la casserole du feu et laissez
à couvert environ 10 minutes. Aérez le riz en remuant
avec des baguettes.

Déposez les champignons dans un bol et couvrez-les
d'eau tiède. Laissez-les tremper environ 30 minutes.
Découpez les haricots verts en tronçons d'environ
4 cm. Détachez le brocoli en fleurettes. Rincez-les
et égouttez-les.

Égouttez avec soin les champignons, ôtez les pieds
et découpez les chapeaux en fines tranches.

Faites chauffer l'huile dans le wok. Faites revenir
les légumes environ 3 à 4 minutes. Salez, poivrez puis
saupoudrez de gingembre râpé. Servez avec le riz
chaud.

Pour des petits légumes et champignons des bois,
remplacez les champignons noirs par 100 g de
champignons des bois (frais ou secs) : pleurotes,
girolles, trompettes-de-la-mort ou cèpes.

pilaf au safran et poulet

Pour **4 personnes**
Préparation **15 minutes**
Cuisson **35 minutes**

1½ c. à c. de **safran
en poudre**
30 cl d'**eau**
1 c. à s. d'**huile végétale**
4 gousses d'**ail** hachées
4 **échalotes** hachées
1 c. à c. de **gingembre** râpé
200 g de **riz long
grain basmati**
2 pincées de **paprika**
200 g de **filet de porc**
découpé en dés
200 g de **filet de poulet**
découpé en dés
sel et **poivre du moulin**

Délayez le safran avec 30 cl d'eau puis faites tiédir dans une casserole.

Faites chauffer l'huile dans un wok. Versez l'ail, les échalotes et le gingembre râpé. Faites dorer 2 minutes et ajoutez le riz. Laissez dorer. Versez l'eau parfumée au safran, salez, poivrez et saupoudrez de paprika. Portez au frémissement, couvrez et laissez mijoter 15 à 20 minutes.

Pendant ce temps, faites dorer dans une poêle légèrement huilée les dés de porc puis les dés de poulet.

Servez le riz chaud avec sa garniture.

Pour un riz pilaf bœuf-dinde, remplacez le filet de porc par le même poids de filet de bœuf découpé en lanières, et le filet de poulet par un filet de dinde découpé en dés.

carottes, soja et pois gourmands

Pour **4 personnes**
Préparation **15 minutes**
Cuisson **20 minutes**

200 g de **riz long grain**
35 cl d'**eau**
200 g de **pois gourmands**
2 **carottes**
120 g de **germes de soja**
1 gousse d'**ail**
1 c. à s. d'**huile végétale**
1 c. à c. de **gingembre** râpé
3 c. à c. de **sauce soja**
1 pincée de **sucre en poudre**
8 cl d'**eau tiède**
sel et **poivre du moulin**

Déposez le riz dans une casserole à fond épais.
Versez l'eau. Salez et poivrez. Portez à ébullition
puis couvrez. Baissez le feu et laissez cuire environ
15 minutes. Ôtez la casserole du feu et laissez reposer
à couvert environ 10 minutes. Aérez le riz en remuant
avec des baguettes.

Équeutez les pois gourmands et ôtez les fils si
nécessaire. Rincez-les et égouttez-les. Coupez-les
en leur milieu. Épluchez les carottes puis râpez-les.
Triez les germes de soja, lavez-les dans l'eau froide
puis égouttez-les. Épluchez la gousse d'ail et hachez-la.

Faites chauffer l'huile dans un wok. Faites revenir l'ail
et le gingembre. Ajoutez ensuite les pois gourmands,
les carottes et les germes de soja. Laissez cuire
2 à 3 minutes puis versez la sauce soja, le sucre
en poudre et l'eau tiède. Couvrez, laissez mijoter
3 minutes.

Servez les légumes avec le riz chaud.

Pour une version plus épicée, vous pouvez ajouter
½ cuillerée à café de Tabasco en fin de cuisson
ou remplacer l'huile végétale par une huile d'olive
légèrement pimentée.

cantonais basique

Pour **4 personnes**
Préparation **10 minutes**
Cuisson **15 minutes**

100 g de **petits pois** écossés
2 **œufs** battus en omelette
2 tranches épaisses
   de **jambon cuit**
1 c. à s. d'**huile végétale**
180 g de **riz long grain**
   déjà cuit
2 c. à c. de **sauce soja**
sel et **poivre du moulin**

Mettez les petits pois dans une casserole d'eau bouillante salée et laissez-les cuire environ 5 minutes. Égouttez-les et passez-les sous un filet d'eau froide.

Salez légèrement les œufs battus. Faites cuire en omelette, détachez les œufs cuits en vous aidant d'une spatule en bois puis détaillez-les en fines lanières.

Découpez les tranches de jambon en petits dés.

Faites chauffer l'huile dans un wok, versez le riz et laissez chauffer 2 minutes. Ajoutez les petits pois, les dés de jambon et les lanières d'omelette. Versez la sauce soja, salez, poivrez, mélangez et servez.

Pour une version plus riche en légumes, ajoutez 100 g de pois gourmands, 100 g de haricots verts coupés en tronçons et 2 ou 3 feuilles de chou chinois coupées en fines lanières.

cantonais aux crevettes

Pour **4 personnes**
Préparation **10 minutes**
 + 15 minutes de trempage
Cuisson **15 minutes**

80 g de **crevettes séchées**
2 **œufs** battus en omelette
100 g de **petits pois** écossés
2 tiges de **ciboule**
1 **échalote**
120 g de **rôti de porc** cuit
1 c. à s. d'**huile végétale**
180 g de **riz long grain**
 déjà cuit
2 c. à c. de **sauce soja**
sel et **poivre du moulin**

Déposez les crevettes dans un bol, couvrez-les d'eau tiède et laissez-les tremper 15 minutes.

Faites cuire les œufs en omelette puis découpez-les en fines lanières. Faites cuire les petits pois 5 minutes dans de l'eau bouillante.

Lavez les tiges de ciboule et découpez-les en petits morceaux. Épluchez l'échalote et hachez-la. Découpez le rôti de porc en petits dés. Égouttez les crevettes.

Faites dorer l'échalote hachée dans un wok légèrement huilé. Versez le riz cuit et réchauffez 2 minutes. Ajoutez les crevettes, les dés de porc, les œufs, la ciboule et les petits pois. Versez la sauce soja, salez, poivrez, mélangez et servez.

Pour un riz cantonais aux gambas, remplacez les crevettes par des gambas fraîches que vous cuirez séparément au wok, à feu vif, avec 2 bonnes pincées de curry, dans de l'huile chaude. Puis décortiquez-les, coupez-les en morceaux et disposez-les sur le riz cantonais.

cantonais au poivron

Pour **4 personnes**
Préparation **10 minutes**
Cuisson **15 minutes**

2 **œufs** battus en omelette
100 g de **petits pois**
1 c. à s. d'**huile végétale**
2 **oignons** hachés
1 **échalote** hachée
½ **poivron rouge** coupé
  en dés
125 g de **riz long grain**
  déjà cuit
100 g de **crevettes** fraîches
  cuites et décortiquées
2 c. à c. de **sauce soja**
sel et **poivre du moulin**

Faites cuire les œufs en omelette puis découpez-les en fines lanières. Faites cuire les petits pois 5 minutes dans de l'eau bouillante. Égouttez-les.

Faites chauffer 1 cuillerée à soupe d'huile dans un wok. Déposez les oignons et l'échalote. Faites dorer quelques minutes. Ajoutez les dés de poivron et laissez cuire 1 minute de plus. Versez le riz et laissez chauffer 2 minutes.

Ajoutez les crevettes, les petits pois et les œufs. Versez la sauce soja, salez, poivrez, mélangez et servez.

Pour un riz cantonais végétarien, remplacez les crevettes par du tofu coupé en petits dés puis cuit à la vapeur.

cantonais à la saucisse

Pour **4 personnes**
Préparation **10 minutes**
Cuisson **15 minutes**

100 g de **brocoli**
100 g de **petits pois** écossés
2 **œufs** battus en omelette
2 **saucisses fumées**
2 tiges de **ciboule**
1 c. à s. d'**huile végétale**
120 g de **riz long grain**
  déjà cuit
2 c. à c. de **sauce soja**
sel et **poivre du moulin**

Rincez le brocoli, égouttez-le et découpez-le
en petits bouquets. Plongez-les 4 minutes dans une
casserole d'eau bouillante salée. Ensuite, passez-les
sous un filet d'eau froide et égouttez-les. Faites cuire
les petits pois 5 minutes dans de l'eau bouillante.

Faites cuire les œufs en omelette puis découpez-les
en fines lanières. Découpez les saucisses en rondelles.
Rincez les tiges de ciboule, séchez-les puis
hachez-les.

Faites chauffer l'huile dans un wok, versez le riz
et laissez chauffer 2 minutes. Ajoutez les rondelles
de saucisse, les œufs, le brocoli, les petits pois
et la ciboule. Versez la sauce soja, salez, poivrez,
mélangez et servez.

Amusez-vous à varier les plaisirs et à associer
les cuisines du monde. Remplacez par exemple
les 2 saucisses fumées par 2 petits boudins épicés
façon créole ou bien encore par 2 petits boudins blancs
aux champignons que vous ferez colorer à la poêle.
Vous pouvez aussi préparer une version plus ibérique
avec 2 petits chorizos forts.

patience

risotto au parmesan

Pour **4 personnes**
Préparation **5 minutes**
Cuisson **25 minutes**

1 litre de **bouillon de poule**
2 c. à s. d'**huile d'olive**
2 **échalotes** hachées
200 g de **riz superfino
arborio** ou **superfino
carnaroli**
5 cl de **vin blanc sec**
20 g de **beurre** coupé
en dés
40 g de **parmesan**
fraîchement râpé

Faites chauffer doucement le bouillon de poule dans
une casserole.

Faites chauffer l'huile d'olive dans une casserole
à fond épais. Placez-y les échalotes et faites-les revenir
2 minutes. Ajoutez le riz, laissez dorer quelques instants
en mélangeant avec une spatule pour que les grains
s'imprègnent parfaitement de matière grasse. Mouillez
avec le vin blanc et laissez les grains s'imprégner
de nouveau.

Versez une petite louchée de bouillon de poule dans
la casserole, laissez les grains absorber le liquide puis
versez une nouvelle louchée de bouillon. Versez ainsi
peu à peu le reste du bouillon chaud, en attendant
à chaque fois que la louchée précédente ait été
parfaitement absorbée.

Ôtez la casserole de riz du feu, ajoutez le beurre en
dés et le parmesan râpé. Laissez reposer un instant
avant de mélanger. Le riz va prendre une consistance
crémeuse.

Servez aussitôt.

Changez de riz et préparez la même recette avec
un riz rond de Camargue ou un riz noir italien, très riche
en amidon, qui convient parfaitement au risotto.

risotto safrané aux cèpes

Pour **4 personnes**
Préparation **5 minutes**
Cuisson **25 minutes**

1 litre de **bouillon de poule**
4 **pistils de safran**
300 g de **cèpes frais**
30 g de **beurre**
1 **oignon** haché
4 c. à s. de **persil** haché
200 g de **riz superfino
arborio** ou **superfino
carnaroli**
5 cl de **vin blanc sec**
40 g de **parmesan**
fraîchement râpé

Faites chauffer doucement le bouillon de poule dans une casserole. Ajoutez les pistils de safran, couvrez et laissez infuser. Nettoyez les cèpes, coupez-en la queue et taillez-les en gros dés.

Faites fondre une noix de beurre dans une poêle antiadhésive et placez-y l'oignon haché. Faites dorer puis ajoutez les cèpes. Faites-les sauter rapidement puis ajoutez le persil haché. Réservez au chaud.

Faites fondre 20 g de beurre dans une casserole à fond épais. Ajoutez le riz. Mouillez avec le vin et laissez les grains s'imprégner. Ôtez le safran du bouillon.

Versez une petite louchée de bouillon de poule dans la casserole, laissez les grains absorber le liquide puis versez une nouvelle louchée de bouillon. Versez ainsi peu à peu le reste du bouillon, en attendant à chaque fois que la louchée précédente ait été absorbée.

Ôtez la casserole de riz du feu, ajoutez le parmesan râpé. Laissez reposer un instant avant de mélanger. Le riz va prendre une consistance crémeuse. Ajoutez les dés de cèpe et mélangez bien.

Servez aussitôt.

Pour une recette plus économique, remplacez les cèpes par des champignons shiitaké. N'utilisez pas de safran, mais ajoutez ½ cuillerée à café de paprika doux au moment de faire revenir l'oignon.

risotto aux langoustines

Pour **4 personnes**
Préparation **5 minutes**
Cuisson **25 minutes**

1 litre de **bouillon
  de légumes chaud**
100 g de **beurre**
1 **oignon** haché
200 g de **riz superfino
  arborio** ou **superfino
  carnaroli**
5 cl de **vin blanc sec**
40 g de **parmesan**
  fraîchement râpé
une vingtaine
  de **langoustines**
1 pincée de **piment
  de Cayenne**
1 gousse d'**ail** hachée
sel et **poivre du moulin**

Faites fondre 20 g de beurre dans une casserole à fond épais. Versez l'oignon haché et faites revenir 2 minutes. Ajoutez le riz, laissez dorer quelques instants, mélangez avec une spatule pour que les grains s'imprègnent de matière grasse. Mouillez avec le vin blanc et laissez les grains s'imprégner de nouveau.

Versez une petite louchée de bouillon de légumes dans la casserole, laissez les grains absorber le liquide puis versez une nouvelle louchée de bouillon. Versez ainsi peu à peu le reste du bouillon, en attendant à chaque fois que la louchée précédente ait été parfaitement absorbée.

Ôtez la casserole de riz du feu, ajoutez 20 g de beurre coupé en dés et le parmesan râpé. Laissez reposer un instant avant de mélanger, puis réservez au chaud.

Rincez les langoustines et égouttez-les. Faites chauffer le beurre restant dans une poêle antiadhésive. Ajoutez la pincée de piment de Cayenne et déposez les langoustines dans le beurre mousseux. Retournez-les avec une spatule, ajoutez la gousse d'ail hachée et laissez cuire 4 à 5 minutes. Salez et poivrez.

Servez les langoustines poêlées avec le risotto.

Pour un risotto plus riche, ajoutez quelques noix de Saint-Jacques à cette recette. Faites-les dorer dans du beurre au dernier moment avant de les servir avec le risotto.

risotto nero

Pour **4 personnes**
Préparation **5 minutes**
Cuisson **1 heure**

1 litre de **bouillon de poule**
2 c. à s. d'**huile d'olive**
200 g de **riz noir complet
venere nero**
20 g de **beurre** coupé en dés
40 g de **parmesan**
fraîchement râpé

Versez le bouillon de poule dans une casserole et faites-le chauffer doucement.

Faites chauffer l'huile d'olive dans une casserole à fond épais. Versez le riz, laissez dorer quelques instants et mélangez avec une spatule pour que les grains s'imprègnent parfaitement de matière grasse.

Versez une petite louchée de bouillon de poule dans la casserole, laissez les grains absorber le liquide puis versez une nouvelle louchée de bouillon. Versez ainsi peu à peu le reste du bouillon, en attendant à chaque fois que la louchée précédente ait été parfaitement absorbée.

Ôtez la casserole de riz du feu. Ajoutez les dés de beurre et le parmesan râpé. Laissez reposer un instant avant de mélanger. Le riz va prendre une consistance crémeuse.

Servez chaud.

Pour un risotto nero plus riche, ajoutez 200 g de calamars ou de petites seiches que vous ferez colorer dans une poêle avec de l'huile d'olive et 1 pincée de curcuma.

162

minestrone à la menthe

Pour **4 personnes**
Préparation **10 minutes**
Cuisson **30 minutes**

150 g de **haricots verts
  extrafins**
1 branche de **céleri**
1 c. à s. d'**huile d'olive**
½ **poivron rouge** coupé
  en dés
2 **carottes** découpées
  en rondelles fines
1 litre d'**eau**
80 g de **riz arborio**
100 g de **petits pois**
  écossés
2 c. à s. de feuilles
  de **menthe** hachées
80 g de **parmesan** râpé
sel et **poivre du moulin**

Équeutez les haricots verts. Rincez-les et coupez-les
en tronçons d'environ 5 cm de long. Rincez la branche
de céleri et découpez-la en fines rondelles.

Faites chauffer l'huile dans une cocotte, puis faites
revenir les haricots verts, le céleri, le poivron et les
carottes quelques instants en remuant. Salez
et poivrez.

Versez 1 litre d'eau, portez à ébullition et ajoutez le riz
et les petits pois. Couvrez hermétiquement et laissez
mijoter environ 25 minutes.

Ajoutez les feuilles de menthe hachées 5 minutes
avant la fin de la cuisson. Poivrez et saupoudrez
de parmesan râpé au moment de servir.

Pour apporter une note de fraîcheur à cette recette,
vous pouvez ajouter 1 bulbe de fenouil finement haché
au moment de faire revenir les légumes et ½ cuillerée
à café d'aneth 5 minutes avant la fin de la cuisson.

lentilles à la coriandre

Pour **4 personnes**
Préparation **10 minutes**
Cuisson **30 minutes**

60 cl de **bouillon de poule**
1 c. à s. d'**huile végétale**
2 **oignons** hachés
100 g de **riz long
grain basmati**
100 g de **lentilles corail**
2 c. à c. de **grains
de cumin**
1 **clou de girofle**
1 petit **bâton de cannelle**
2 c. à s. de feuilles
de **coriandre**
sel et **poivre du moulin**

Versez le bouillon de poule dans une casserole
et portez au frémissement.

Faites chauffer l'huile dans une cocotte et faites
dorer les oignons. Ôtez la moitié des oignons frits
de la cocotte.

Versez le riz et les lentilles puis mélangez avec
une cuillère. Versez le bouillon de poule. Ajoutez
le cumin, le clou de girofle et le bâton de cannelle.
Couvrez, laissez cuire à feu doux environ 25 minutes
puis laissez tiédir.

Parsemez d'oignon frit et de feuilles de coriandre
au moment de servir.

**Pour des lentilles à la coriandre et boulettes
de mouton,** façonnez de petites boulettes avec 300 g
de viande de mouton ou d'agneau hachée, 1 oignon
émincé, 1 botte de coriandre hachée menu, 1 œuf,
10 cl de lait de coco et 2 pincées de curry fort. Faites
cuire les boulettes 5 minutes dans de l'huile pour friture.
Épongez-les soigneusement et servez-les chaudes,
avec les lentilles à la coriandre. Pour que vos boulettes
tiennent bien à la cuisson, vous pouvez les garder
1 heure au réfrigérateur avant de les plonger
dans l'huile.

gaspacho

Pour **4 personnes**
Préparation **20 minutes**
+ 1 h 30 de repos

3 gousses d'**ail**
5 c. à s. d'**huile d'olive**
500 g de **tomates**
 bien mûres
1 petit **concombre**
1 **poivron jaune** en dés
1 **oignon** haché
3 c. à s. de **vinaigre de vin vieux**
4 c. à s. de **riz demi-complet**
 déjà cuit
1 trait de **Tabasco**
sel et **poivre du moulin**

Épluchez les gousses d'ail, ôtez-en le germe et pilez-les dans un mortier avec 1 petite pincée de sel. Versez l'huile d'olive tout en mélangeant puis laissez reposer 20 minutes.

Plongez les tomates 1 minute dans une casserole d'eau bouillante. Ôtez la peau et coupez la chair en dés.

Rincez le concombre, épluchez-le et découpez-le en dés.

Versez les tomates, le concombre, le poivron et l'oignon dans le bol du mixeur, ajoutez le vinaigre, l'huile et l'ail puis mixez finement le tout. Incorporez le riz cuit, salez, poivrez et déposez au réfrigérateur au moins 1 h 30. Ajoutez un trait de Tabasco et servez glacé.

Pour les amateurs de sensations fortes, vous pouvez ajouter dans votre gaspacho 1 pincée de piment habaneros. Pour votre information, il est de force 10 sur l'échelle de Scoville des piments, qui va de 1 à 10. Par comparaison, le Tabasco est de force 8. À utiliser avec précaution !

courgettes farcies

Pour **4 à 6 personnes**
Préparation **25 minutes**
Cuisson **25 minutes**

1 **oignon** haché
1 c. à s. d'**huile d'olive**
1 brin de **thym**
8 à 10 petites **courgettes
  rondes**
60 g de **jambon cuit** haché
1 gousse d'**ail** hachée
60 g de **riz long grain** cuit
80 g de **parmesan** râpé
7 feuilles de **basilic** hachées
2 **œufs**
sel et **poivre du moulin**

Faites revenir l'oignon doucement à la poêle
5 minutes, avec l'huile d'olive et le thym.

Préchauffez le four à 180 °C. Déposez les courgettes
5 minutes dans une grande casserole d'eau bouillante.
Égouttez-les. Coupez-les en deux et creusez la chair
à l'aide d'une petite cuillère.

Écrasez la chair des courgettes à la fourchette
en la mélangeant à l'oignon, au jambon, à la gousse
d'ail, au riz, au parmesan, aux feuilles de basilic
et aux œufs. Salez et poivrez.

Garnissez les demi-courgettes de farce. Déposez-les
dans un plat à gratin et enfournez pour 25 minutes.

Les courgettes rondes, dites niçoises, sont idéales
pour les recettes farcies. Mais naturellement vous pouvez
utiliser des courgettes longues. Vous pouvez aussi donner
de l'éclat à ce plat en achetant des courgettes jaunes
(gold rush) et en alternant avec des courgettes vertes.

aubergines farcies

Pour **4 personnes**
Préparation **30 minutes**
Cuisson **40 minutes**

4 **aubergines**
300 g d'**agneau** haché
2 pincées de **cannelle en poudre**
1 c. à s. d'**huile d'olive**
1 **oignon** haché
80 g de **riz long grain** cuit
20 g de **pignons de pin**
2 c. à s. de feuilles de **menthe** hachées
2 c. à s. de feuilles de **persil** hachées
sel et **poivre du moulin**

Préchauffez le four à 180 °C. Rincez les aubergines, essuyez-les et coupez-les en deux. Évidez en partie les aubergines en vous aidant d'une petite cuillère. Placez-les au four pour 10 minutes environ.

Assaisonnez la viande d'agneau hachée de cannelle, de sel et de poivre.

Faites chauffer l'huile d'olive dans une poêle antiadhésive. Faites dorer l'oignon haché, ajoutez la viande d'agneau, le riz, les pignons, la menthe et le persil hachés puis mélangez de nouveau.

Farcissez les aubergines de ce mélange et replacez au four pour 15 minutes environ. Ajoutez si nécessaire un peu d'eau dans le fond du plat pour éviter qu'elles n'attachent.

Servez tiède ou froid.

Pour une version 100 % végétarienne, les amateurs de légumes peuvent préparer cette recette sans viande. Il suffit de remplacer l'agneau par 100 g de pois gourmands, 100 g de haricots verts et 100 g de poivrons rouges découpés en petits dés.

tomates farcies

Pour **4 à 6 personnes**
Préparation **25 minutes**
Cuisson **45 minutes**

6 **tomates**
200 g de **champignons de Paris** coupés en tranches
1 c. à s. d'**huile d'olive**
3 c. à s. de **persil** haché
60 g de **riz long grain** cuit
2 **œufs**
40 g de **comté** râpé
2 c. à s. de **basilic** haché
1 gousse d'**ail** hachée
sel et **poivre du moulin**

Lavez les tomates, essuyez-les, découpez-en les chapeaux et ôtez les graines.

Préchauffez le four à 180 °C.

Faites revenir les champignons dans une poêle avec l'huile d'olive. Salez, poivrez, ajoutez le persil haché puis ôtez du feu.

Mélangez les champignons, le persil, le riz, les œufs, le comté, le basilic et l'ail. Salez, poivrez. Garnissez les tomates de farce puis placez-les au four pour environ 30 minutes.

Cette recette peut se décliner dans une version plus automnale, en ajoutant 100 g de pommes reinettes coupées en petits dés, 100 g de brisures de châtaigne et en remplaçant les champignons de Paris par 100 g de champignons des bois (girolles ou trompettes-de-la-mort).

poivrons farcis

Pour **4 à 6 personnes**
Préparation **20 minutes**
Cuisson **50 minutes**

15 cl d'**eau**
60 g de **riz long grain**
4 **poivrons rouges**
1 **oignon**
1 c. à s. d'**huile d'olive**
200 g d'**agneau** haché
20 g de **pignons de pin**
20 g de **raisins secs**
2 **œufs**
sel et **poivre du moulin**

Dans une grande casserole, portez l'eau à ébullition. Salez, versez le riz en pluie et remuez. Couvrez et baissez à feu doux. Laissez cuire pendant environ 12 minutes. Le riz doit être cuit mais encore légèrement croquant. Égouttez-le.

Pendant ce temps, lavez et essuyez les poivrons puis découpez-les en deux et ôtez les graines.

Préchauffez le four à 180 °C.

Épluchez l'oignon et hachez-le. Faites-le revenir dans une poêle avec l'huile d'olive. Ajoutez l'agneau haché, salez, poivrez, mélangez. Laissez cuire à feu moyen. Ôtez du feu et laissez refroidir.

Faites griller légèrement les pignons à sec dans la poêle.

Mélangez le riz, l'oignon, la viande d'agneau, les pignons, les raisins secs et les œufs. Garnissez les demi-poivrons de cette farce puis déposez-les dans un plat à gratin. Ajoutez 2 cuillerées à soupe d'eau au fond du plat et enfournez pour 35 minutes.

Vous pouvez apporter une note raffinée et délicate en remplaçant l'huile d'olive par 1 cuillerée à soupe d'huile de pépin de raisin.

gratin de riz, sauce yaourt et piment

Pour **4 à 6 personnes**
Préparation **20 minutes**
Cuisson **55 minutes**

600 g d'**aubergines**
5 c. à s. d'**huile d'olive**
2 **oignons** hachés
500 g d'**agneau** haché
300 g de **tomates**
  coupées en dés
3 pincées de **cannelle**
  en poudre
1 pincée de **paprika**
3 **œufs**
5 cl de **lait**
800 g de **yaourt crémeux**
2 pincées de **piment**
  en poudre
180 g de **riz demi-complet**
  cuit
120 g de **gruyère** râpé
sel et **poivre du moulin**

Préchauffez le four à 180 °C.

Rincez les aubergines puis coupez-les en fines lanières en vous aidant d'un couteau économe.

Faites chauffer 4 cuillerées à soupe d'huile d'olive dans une poêle antiadhésive. Faites revenir les lanières d'aubergine.

Faites chauffer 1 cuillerée à soupe d'huile dans la poêle et laissez cuire les oignons jusqu'à ce qu'ils deviennent translucides. Ajoutez la viande d'agneau, les tomates en dés puis assaisonnez de sel, de poivre, de cannelle et de paprika. Laissez cuire à feu doux environ 10 minutes.

Fouettez les œufs dans un grand bol, ajoutez le lait, le yaourt et le piment. Mélangez bien.

Huilez légèrement un plat à gratin. Déposez une couche d'aubergines au fond du plat et couvrez de riz. Ajoutez le mélange de viande, de tomate et d'oignon. Versez la sauce au yaourt. Enfournez pour environ 35 minutes. 5 minutes avant la fin de la cuisson, saupoudrez de gruyère râpé et laissez gratiner quelques minutes. Servez dès la sortie du four.

Pour plus de fraîcheur et d'arôme, à la place des oignons, faites revenir dans la poêle 3 graines de cardamome et 1 cm de gingembre découpé en lamelles avant d'ajouter la viande.

façon paella

paella express

Pour **4 à 6 personnes**
Préparation **15 minutes**
Cuisson **25 minutes**

2 **filets de poulet**
150 g de **chorizo**
1 litre de **bouillon de poule**
1 c. à s. d'**huile d'olive**
2 gousses d'**ail** hachées
150 g de **poivron** coupé
  en dés
2 **tomates** coupées en dés
400 g de **riz rond**
200 g de **petits pois**
2 pincées de **filaments
  de safran**
1 pincée de **paprika**
sel et **poivre du moulin**

Découpez les filets de poulet et le chorizo
en petits dés.

Faites chauffer doucement le bouillon dans
une grande casserole.

Faites chauffer l'huile d'olive dans une grande poêle
à paella puis faites dorer l'ail. Ajoutez les dés de poivron
puis les dés de poulet et de chorizo. Salez, poivrez
et faites revenir en mélangeant régulièrement. Ajoutez
les tomates en dés puis le riz. Mélangez.

Versez le bouillon et les petits pois, portez au
frémissement, salez puis ajoutez le safran et le paprika.
Couvrez et laissez cuire environ 10 minutes. Baissez
le feu et laissez cuire 10 minutes de plus.

Le chorizo est une saucisse espagnole préparée avec
de la viande de porc et assaisonnée d'ail et de pimenton,
une variété de paprika qui lui donne sa couleur rouge
et son côté épicé. Pour cette paella telle qu'on la prépare
à Valence et dans le Sud de l'Espagne, vous pouvez
aussi utiliser des petits boudins épicés espagnols
aux oignons et aux piments appelés *morcillas*.

paella aux cinq légumes

Pour **4 à 6 personnes**
Préparation **25 minutes**
Cuisson **25 minutes**

2 **poivrons rouges**
1 **aubergine**
300 g de **haricots verts**
4 **cœurs d'artichaut** cuits
4 gousses d'**ail**
1 litre de **bouillon de poule**
1 c. à s. d'**huile d'olive**
2 **tomates** coupées en dés
400 g de **riz rond**
quelques pincées de **safran
   en poudre**
1 pincée de **paprika**
sel et **poivre du moulin**

Rincez et égouttez les poivrons, l'aubergine
et les haricots verts. Ôtez les graines des poivrons
puis découpez-les en petits dés. Découpez l'aubergine
en dés. Coupez les haricots verts en petits tronçons.
Découpez les cœurs d'artichaut en gros dés. Épluchez
les gousses d'ail, ôtez-en le germe puis hachez-les.

Versez le bouillon dans une grande casserole et faites
chauffer doucement.

Faites chauffer l'huile d'olive dans une grande poêle
à paella. Faites dorer l'ail puis ajoutez les poivrons,
les aubergines et les haricots verts. Salez, poivrez
et faites revenir en mélangeant régulièrement. Ajoutez
les fonds d'artichaut et les tomates en dés.

Versez le riz et mélangez jusqu'à ce que les grains
soient presque dorés. Versez le bouillon, portez au
frémissement, salez puis ajoutez le safran et le paprika.
Couvrez et laissez cuire environ 10 minutes. Baissez
le feu et laissez cuire 10 minutes de plus.

Pour une escalope de poulet farcie, incisez
une escalope de poulet en son milieu. Faites-la
mariner 30 minutes dans 2 cuillerées à soupe de jus
de citron vert. Farcissez l'escalope de paella aux cinq
légumes puis faites-la cuire au four, sans la retourner,
à 180 °C pendant 12 minutes, en l'arrosant régulièrement.

paella terre et mer

Pour **4 à 6 personnes**
Préparation **25 minutes**
Cuisson **25 minutes**

1 litre de **bouillon de poule**
une douzaine de grosses
   crevettes (gambas)
2 c. à s. d'**huile d'olive**
2 gousses d'**ail** hachées
250 g de **filet de poulet**
   découpé en dés
200 g d'**échine de porc**
   découpée en dés
2 **tomates** coupées en dés
400 g de **riz rond**
2 pincées de **safran**
   en poudre
1 pincée de **paprika**
sel et **poivre du moulin**

Faites chauffer doucement le bouillon dans une grande casserole. Rincez et séchez les crevettes.

Faites chauffer 2 cuillerées à soupe d'huile d'olive dans une grande poêle à paella. Faites dorer l'ail, ajoutez les crevettes et faites-les frire 2 minutes. Ôtez-les de la poêle. Ajoutez le poulet et le porc. Salez et poivrez. Ajoutez les tomates en dés.

Versez le riz et mélangez pour que les grains soient presque dorés. Versez le bouillon et portez au frémissement. Salez, ajoutez le safran et le paprika, couvrez et laissez cuire 10 minutes. Baissez le feu, ajoutez les crevettes et laissez cuire 10 minutes de plus.

Pour une paella encore plus riche en produits de la mer et pour donner du croquant, ajoutez 300 g de calamars en anneaux et 4 langoustines. Vous les poêlerez en même temps que les crevettes.

riz « hot » à la mexicaine

Pour **4 personnes**
Préparation **10 minutes**
Cuisson **15 minutes**

2 **courgettes**
1 **poivron rouge**
huile végétale
400 g de **riz long grain**
   déjà cuit
2 ou 3 pincées de **piment**
   en poudre
4 c. à s. de **pignons de pin**
4 c. à s. de feuilles
   de **coriandre**
sel et **poivre du moulin**

Lavez les courgettes et le poivron rouge. Découpez-
les en petits dés.

Faites chauffer une poêle antiadhésive légèrement
huilée. Faites revenir les dés de légumes quelques
instants, en mélangeant avec une cuillère. Salez
et poivrez.

Versez le riz dans la poêle, ajoutez le piment
et mélangez. Laissez chauffer 1 ou 2 minutes puis
incorporez les pignons.

Servez chaud, parsemé de feuilles de coriandre.

Pour une version très mexicaine et très « hot »,
ajoutez 3 piments verts jalapeños coupés en petits
dés. Vous pouvez également incorporer 200 g de
tomatillos, des piments que l'on trouve facilement
en boîte et qu'il suffit d'égoutter. Cela donnera
une belle couleur verte à votre plat.

riz aux olives et aux poivrons

Pour **4 à 6 personnes**
Préparation **15 minutes**
Cuisson **15 minutes**

4 **tomates**
3 c. à s. d'**huile d'olive**
1 **poivron jaune**
  coupé en dés
1 **poivron rouge**
  coupé en dés
4 gousses d'**ail** hachées
2 pincées de **piment
  en poudre**
140 g d'**olives** dénoyautées
2 **oignons** hachés
200 g de **riz long grain**
35 cl de **bouillon de légumes**
  tiède
sel et **poivre du moulin**

Rincez les tomates. Ôtez la peau et découpez la chair en gros dés.

Faites chauffer 2 cuillerées à soupe d'huile d'olive dans une cocotte. Mettez les dés de poivron et faites-les fondre à feu doux. Ajoutez la chair des tomates et l'ail haché. Salez, poivrez et saupoudrez de 1 pincée de piment. Couvrez et laissez cuire doucement, 15 minutes environ. Ajoutez les olives en fin de cuisson.

Pendant la cuisson des légumes, faites chauffer 1 cuillerée à soupe d'huile dans une cocotte, versez les oignons hachés et laissez-les dorer en remuant régulièrement. Ajoutez le riz et mélangez. Versez le bouillon de légumes tiède. Portez au frémissement, ajoutez 1 pincée de piment, salez, poivrez, couvrez et laissez mijoter environ 15 minutes.

Servez le riz chaud accompagné des légumes.

Pour une présentation rapide et amusante, surtout si vous avez des enfants, servez ce riz sur des tacos, petites galettes de maïs croustillantes venues du Mexique et en vente dans toutes les épiceries fines.

riz poulet aux épices

Pour **4 à 6 personnes**
Préparation **15 minutes**
Cuisson **35 minutes**

1 **oignon** coupé
  en gros morceaux
2 gousses d'**ail** hachées
5 c. à s. de feuilles de **menthe**
  hachées
1 c. à c. de **gingembre** râpé
2 c. à s. d'**huile végétale**
1 c. à c. de **curcuma**
  en poudre
1 c. à c. de **curry en poudre**
1 **yaourt**
2 **tomates** coupées en dés
1 **poulet** découpé
  en morceaux
180 g de **riz long**
  grain basmati
30 cl d'**eau chaude**
feuilles de **menthe** entières
  pour décorer
sel et **poivre du moulin**

Déposez l'oignon, l'ail, la menthe et le gingembre dans le bol du mixeur. Mixez finement le tout.

Faites chauffer 1 cuillerée à soupe d'huile dans une cocotte. Versez le mélange d'ail, d'oignon, de menthe et de gingembre. Faites revenir 1 minute puis ajoutez le curcuma et le curry. Versez le yaourt et les tomates puis mélangez.

Déposez les morceaux de poulet dans la cocotte. Enrobez-les bien de pâte parfumée, couvrez et laissez cuire doucement 15 à 20 minutes en ajoutant un peu d'eau.

Faites chauffer 1 cuillerée à soupe d'huile dans une casserole à fond épais. Versez le riz et mélangez pour bien enrober les grains. Versez l'eau chaude, salez, poivrez, portez au frémissement, baissez le feu et laissez cuire doucement, à couvert, environ 15 minutes.

Saupoudrez le riz au poulet de feuilles de menthe entières au moment de servir.

Pour une présentation plus séduisante, choisissez des petits pilons de poulet à la place du poulet entier.

pruneaux, dattes et amandes

Pour **4 à 6 personnes**
Préparation **10 minutes**
Cuisson **15 minutes**

80 g de **raisins secs**
80 g de **pruneaux**
  dénoyautés
40 g de **dattes**
1 c. à s. d'**huile végétale**
2 **oignons** hachés
200 g de **riz long grain**
35 cl d'**eau tiède**
1 pincée de **safran**
40 g d'**amandes**
sel et **poivre du moulin**

Déposez les raisins secs dans un bol et couvrez-les d'eau tiède. Répétez l'opération avec les pruneaux. Fendez les dattes et ôtez les noyaux.

Faites chauffer l'huile dans une cocotte et faites revenir les oignons quelques instants en remuant régulièrement. Ajoutez le riz et mélangez. Versez l'eau tiède parfumée au safran. Salez, poivrez, couvrez et laissez cuire à feu doux environ 12 à 15 minutes. Ajoutez les fruits secs ainsi que les amandes 5 minutes avant la fin de la cuisson. Servez tiède.

Cette recette sucrée-salée accepte toutes sortes de fruits déshydratés comme des abricots, des figues, des morceaux d'ananas ou de papaye. Cela donnera une touche exotique à votre plat. Vous pouvez aussi l'enrichir de fruits à coque comme des noix de cajou, des noix de pécan ou des noisettes.

jambalaya de crevettes

Pour **4 personnes**
Préparation **15 minutes**
Cuisson **25 minutes**

180 g de **riz long grain**
1 c. à s. d'**huile végétale**
1 **poivron rouge** coupé
  en dés
2 **oignons** hachés
2 gousses d'**ail** hachées
1 branche de **céleri** hachée
1 brin de **thym** effeuillé
une trentaine de **crevettes**
  décortiquées
Tabasco
1 noix de **beurre** pour servir
sel et **poivre du moulin**

Faites cuire le riz façon créole pendant 20 minutes (voir page 32). Égouttez-le et laissez-le refroidir.

Faites chauffer l'huile dans une poêle antiadhésive. Déposez les dés de poivron, les oignons, l'ail et le céleri. Saupoudrez de thym. Laissez cuire 15 minutes en mélangeant régulièrement. Salez et poivrez.

Ajoutez les crevettes, versez un trait de Tabasco et laissez cuire 5 minutes. Versez le riz et mélangez avec une fourchette pour détacher les grains.

Ajoutez une noix de beurre au moment de servir.

Cette recette créole est traditionnellement servie avec des crevettes et du poulet. Si vous souhaitez préparer la recette familière des habitants de la Louisiane, où elle est emblématique, ajoutez 2 filets de poulet coupés en dés.

riz sucré

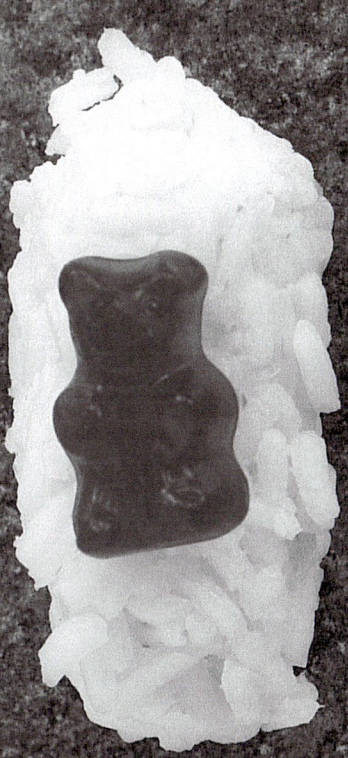

riz coco à la cardamome

Pour **4 personnes**
Préparation **5 minutes**
Cuisson **30 minutes**

100 g de **riz rond**
50 cl de **lait**
les graines de 2 gousses
  de **cardamome** en poudre
2 c. à s. d'**eau**
40 g de **noix de coco** râpée
40 g de **cassonade**
1 sachet de **sucre vanillé**

Passez le riz sous un filet d'eau froide puis égouttez-le.

Versez le lait et les graines de cardamome dans une casserole à fond épais. Portez à ébullition puis versez le riz en pluie. Couvrez et laissez cuire doucement environ 25 minutes.

Pendant ce temps, versez 2 cuillerées à soupe d'eau sur la noix de coco râpée. Ajoutez la cassonade, le sucre vanillé et la noix de coco réhydratée dans la casserole. Laissez cuire doucement 5 minutes de plus.

Versez le riz coco dans des petits bols et laissez tiédir.

Servez tiède ou très frais.

La noix de coco se marie très bien avec la banane ou la papaye. Dans cette recette, vous pouvez ajouter dans chaque bol des dés de ces fruits, que vous aurez citronnés au préalable pour éviter qu'ils ne noircissent.

banane au riz gluant

Pour **4 à 6 personnes**
Préparation **10 minutes**
 + 3 heures de trempage
Cuisson **15 minutes**

100 g de **riz gluant**
3 **bananes**
50 cl de **lait de coco**
60 g de **sucre en poudre**
½ c. à c. de **vanille liquide**

Rincez le riz, déposez-le dans un grand récipient rempli d'eau et laissez tremper au moins 3 heures. Rincez de nouveau le riz plusieurs fois puis égouttez-le.

Versez le riz dans une casserole, couvrez d'eau et portez à ébullition. Laissez cuire à petits bouillons environ 12 minutes.

Épluchez les bananes puis coupez-les en rondelles.

Versez le lait de coco, le sucre en poudre et la vanille liquide dans une grande casserole. Laissez cuire à feu doux 5 minutes puis ajoutez les rondelles de banane. Poursuivez la cuisson environ 10 minutes de plus.

Laissez tiédir puis servez avec le riz chaud.

Le riz gluant est très présent dans les cuisines du Laos, de Corée, du Vietnam, de Thaïlande ou de Chine. Il se consomme sucré ou salé. Vous pouvez aussi le faire griller, comme en Thaïlande, et l'utiliser avec un plat de poulet sauté ou rôti ; il apportera un délicieux parfum de noisette.

riz au lait tout simple

Pour **4 personnes**
Préparation **5 minutes**
Cuisson **30 minutes**

100 g de **riz rond**
50 cl de **lait**
40 g de **sucre en poudre**
1 sachet de **sucre vanillé**

Passez le riz sous un filet d'eau froide, puis égouttez-le.

Versez le lait dans une casserole à fond épais.
Portez à ébullition puis versez le riz en pluie. Couvrez
et laissez cuire doucement 25 minutes environ.

Ajoutez le sucre en poudre et le sucre vanillé, mélangez,
couvrez puis laissez cuire environ 5 minutes de plus.

Répartissez le riz au lait dans des petits bols
et laissez tiédir.

Pour une recette d'inspiration indienne, vous pouvez
choisir un bon riz basmati. Vous ajouterez dans le riz,
pendant la cuisson, 4 gousses de cardamome verte
et 2 ou 3 pistils de safran. Quand le riz est presque
cuit, ajoutez 1 cuillerée à soupe d'amandes effilées
et 1 cuillerée à soupe de pistaches concassées
finement. Finissez la cuisson à feu très doux.

riz au lait à la vanille

Pour **4 personnes**
Préparation **10 minutes**
Cuisson **25 minutes**

100 g de **riz rond
  demi-complet** ou
  de **riz complet** précuit
½ **gousse de vanille**
50 cl de **lait**
le **zeste** de ½ **citron**
  non traité
50 g de **cassonade**
12 g de **beurre** coupé en dés
2 **jaunes d'œufs**
sel

Passez le riz sous un filet d'eau froide puis égouttez-le. Versez-le dans une grande casserole d'eau bouillante légèrement salée et laissez cuire à petit feu 10 minutes environ. Égouttez-le.

Fendez la gousse de vanille dans le sens de la longueur. Versez le lait et la gousse de vanille dans une casserole à fond épais. Portez au frémissement puis ajoutez le riz et le zeste de citron. Couvrez et laissez cuire doucement environ 10 minutes.

Versez la cassonade et ôtez la casserole du feu. Donnez un tour de cuillère et ajoutez les dés de beurre. Laissez tiédir quelques instants.

Fouettez les jaunes d'œufs dans un bol et incorporez-les au riz au lait. Laissez cuire doucement 5 minutes de plus, en mélangeant régulièrement.

Ôtez la gousse de vanille et le zeste de citron. Répartissez le riz dans des petits bols et laissez tiédir.

La vanille la plus connue et la plus répandue est la vanille bourbon, qui vient des Comores, de la Réunion ou de Madagascar. Mais vous pouvez essayer avec une «vanille-banane», à la forme recourbée facile à reconnaître et qui nous arrive des Antilles. Elle est également très parfumée.

riz au lait au caramel

Pour **4 personnes**
Préparation **5 minutes**
Cuisson **30 minutes**

100 g de **riz rond**
50 cl de **lait**
25 g de **sucre en poudre**
1 sachet de **sucre vanillé**
1 flacon de **caramel liquide**

Passez le riz sous un filet d'eau froide puis égouttez-le.

Versez le lait dans une casserole à fond épais.
Portez à ébullition puis versez le riz en pluie. Couvrez et laissez cuire doucement environ 25 minutes.

Incorporez le sucre en poudre et le sucre vanillé, mélangez, couvrez et laissez cuire environ 5 minutes de plus.

Répartissez le riz au lait dans des petits bols, laissez tiédir puis placez au frais.

Au moment de servir, couvrez chaque bol d'un peu de caramel liquide.

Pour un riz au lait façon crème brûlée, remplacez le caramel liquide par 30 g de cassonade ou de vergeoise que vous saupoudrerez sur le riz et que vous caraméliserez au four, en position gril, comme pour une crème brûlée ! Dans ce cas, diminuez un peu la quantité de sucre dans la recette.

riz au lait au chocolat

Pour **4 personnes**
Préparation **5 minutes**
Cuisson **30 minutes**

100 g de **riz rond**
5 c. à s. de **cacao
  en poudre**
50 cl de **lait**
1 petit **bâton de cannelle**
50 g de **cassonade**

Passez le riz sous un filet d'eau froide puis égouttez-le.

Délayez le cacao en poudre avec 3 ou 4 cuillerées
à soupe de lait.

Placez le lait restant, le bâton de cannelle et le cacao
délayé dans une casserole à fond épais. Portez
à ébullition puis versez le riz en pluie. Couvrez
et laissez cuire doucement environ 25 minutes.

Incorporez la cassonade, mélangez, couvrez
et laissez cuire 5 minutes de plus.

Répartissez le riz au lait au chocolat dans des petits
bols et laissez tiédir.

Pour une variante plus colorée et succulente,
incorporez en fin de cuisson le zeste de ½ orange
ou 30 g d'orange confite découpée en petits dés.

riz au lait au sirop d'érable

Pour **4 personnes**
Préparation **5 minutes**
Cuisson **25 minutes**

100 g de **riz rond**
50 cl de **lait**
6 cl de **sirop d'érable**

Passez le riz sous un filet d'eau froide puis égouttez-le.

Versez le lait dans une casserole à fond épais.
Portez à ébullition puis versez le riz en pluie. Couvrez
et laissez cuire doucement environ 20 minutes.

Ajoutez le sirop d'érable et mélangez. Couvrez
et laissez cuire environ 5 minutes de plus.

Répartissez le riz au lait dans des petits bols
et laissez tiédir.

Voici quelques variations très gourmandes :
parfumez ce riz au lait avec quelques gouttes d'eau
de fleur d'oranger. Vous pouvez aussi ajouter ½ cuillerée
à café d'eau de rose. Et pour jouer sur les contrastes,
disposez sur le dessus ½ pomme acide de type
granny-smith, découpée en tout petits dés.

riz au lait aux Carambar

Pour **4 personnes**
Préparation **5 minutes**
Cuisson **30 minutes**

100 g de **riz rond**
50 cl de **lait**
2 **Carambar**
30 g de **sucre en poudre**

Passez le riz sous un filet d'eau froide puis égouttez-le.

Versez le lait et les Carambar dans une casserole à fond épais. Portez à ébullition et laissez fondre à feu doux. Mélangez puis versez le riz en pluie. Couvrez et laissez cuire doucement 25 minutes environ.

Ajoutez le sucre en poudre et mélangez. Couvrez et laissez cuire environ 5 minutes de plus.

Répartissez le riz au lait dans des petits bols et laissez refroidir.

Pour une crème brûlée au Carambar, remplacez le lait par 50 cl de crème fraîche. À l'aide d'un fouet, battez 4 jaunes d'œufs et 120 g de sucre jusqu'à ce que le mélange blanchisse. Ajoutez la crème au Carambar bien chaude. Versez dans des petits ramequins allant au four et faites chauffer 1 h 15 à 100 °C. Pour une cuisson plus onctueuse, placez les ramequins dans un plat à four rempli aux trois quarts d'eau, puis faites cuire les crèmes au bain-marie. Laissez refroidir puis caramélisez sous le gril.

riz au lait
aux écorces d'orange confites

Pour **4 personnes**
Préparation **5 minutes**
Cuisson **30 minutes**

100 g de **riz rond**
50 cl de **lait**
le **zeste** de 1 **orange**
  non traitée
40 g d'**écorces d'orange
  confites** coupées en dés
40 g de **sucre en poudre**
1 pincée de **sel**

Passez le riz sous un filet d'eau froide puis égouttez-le.

Versez le lait dans une casserole à fond épais. Portez à ébullition, ajoutez la pincée de sel, le riz et le zeste d'orange, couvrez puis laissez cuire doucement environ 25 minutes.

Versez les dés d'écorce d'orange confite et le sucre en poudre. Mélangez, couvrez et laissez cuire environ 5 minutes de plus.

Ôtez le zeste d'orange. Répartissez le riz au lait dans des petits bols et laissez refroidir.

Pour une variation très raffinée, remplacez l'orange confite par le même poids d'angélique confite. Naturellement, vous pouvez varier les plaisirs et choisir d'autres fruits confits, selon vos envies : mandarines, ananas, poires, citron, figues.

riz à la mangue

Pour **4 à 6 personnes**
Préparation **5 minutes**
  + 1 heure de trempage
Cuisson **10 minutes**

200 g de **riz gluant**
2 c. à s. de **cassonade**
25 cl de **lait de coco**
4 c. à s. d'**eau tiède**
1 **mangue**

Déposez le riz dans un grand récipient et couvrez-le d'eau. Laissez-le tremper au moins 1 heure. Rincez-le et égouttez-le puis déposez-le au centre d'un torchon propre.

Faites chauffer de l'eau dans un cuit-vapeur. Déposez le torchon contenant le riz dans le panier. Prenez soin de bien étaler le riz en couche régulière. Couvrez et laissez cuire environ 10 minutes.

Ouvrez le torchon, laissez refroidir 1 minute puis déposez le riz dans un plat creux, en tassant bien.

Versez la cassonade, le lait de coco et l'eau tiède dans une casserole. Mélangez et portez au frémissement. Ôtez du feu.

Versez le sirop au lait de coco sur le riz. Laissez refroidir.

Ajoutez la mangue découpée en tranches au moment de servir.

Un riz thaï convient aussi très bien pour cette recette.

riz sucré au safran et pêches au sirop

Pour **4 personnes**
Préparation **25 minutes**
 + 30 minutes de trempage
Cuisson **30 minutes**

100 g de **riz long
 grain basmati**
50 cl de **lait**
1 pincée de **filaments
 de safran**
huile végétale
40 g d'**amandes effilées**
70 g de **miel**
4 **pêches**
20 g de **beurre**
1 pincée de **sel**

Passez le riz sous un filet d'eau froide, versez-le
dans un bol et recouvrez-le d'eau. Laissez tremper
30 minutes puis égouttez soigneusement.

Faites chauffer doucement le lait dans une casserole
à fond épais, déposez les filaments de safran, salez,
couvrez et laissez infuser 10 minutes.

Faites chauffer une cocotte antiadhésive légèrement
huilée, versez le riz et faites-le revenir quelques
instants. Ajoutez les amandes.

Ôtez les filaments de safran du lait, incorporez 50 g
de miel au lait chaud, mélangez puis versez sur le riz
et les amandes. Couvrez et laissez cuire à feu doux
environ 20 minutes.

Pendant ce temps, portez une grande casserole
d'eau au frémissement. Plongez-y les pêches pour
1 minute puis passez-les sous un filet d'eau froide.
Ôtez la peau, coupez-les en quatre et retirez les noyaux.

Faites chauffer les 20 g de miel restant et le beurre
dans une poêle antiadhésive. Déposez les pêches
et faites-les cuire doucement environ 2 minutes.
Puis retournez-les et laissez cuire 3 minutes de plus.

Détachez les grains de riz avec une fourchette pour
l'aérer. Déposez-le dans un ou plusieurs petits moules.
Démoulez au moment de servir avec les pêches poêlées.

riz coco aux pêches

Pour **4 personnes**
Préparation **5 minutes**
Cuisson **30 minutes**

100 g de **riz rond**
50 cl de **lait**
40 g de **noix de coco** râpée
50 g de **sucre en poudre**
1 sachet de **sucre vanillé**
4 **pêches** bien mûres
1 filet de **jus de citron**

Passez le riz sous un filet d'eau froide et égouttez-le.

Versez le lait dans une casserole à fond épais.
Portez à ébullition puis versez le riz en pluie. Couvrez
et laissez cuire doucement environ 25 minutes.

Ajoutez la noix de coco râpée, le sucre en poudre
et le sucre vanillé. Mélangez, couvrez et laissez cuire
doucement environ 5 minutes. Répartissez le riz coco
dans des petits bols et laissez refroidir.

Pelez les pêches et coupez-les en quatre. Mixez-les
finement. Arrosez-les d'un filet de jus de citron.

Servez le riz très frais avec la purée de pêche.

En hiver, quand ce n'est pas la saison des pêches,
vous pouvez confectionner cette recette avec des
pêches au sirop. Dans ce cas, diminuez le sucre
du riz au lait et n'en utilisez que 35 g.

riz au lait aux épices et à la noix de coco

Pour **4 personnes**
Préparation **15 minutes**
 + 30 minutes de trempage
Cuisson **30 minutes**

100 g de **riz long
 grain basmati**
50 cl de **lait**
1 **clou de girofle**
1 petit **bâton de cannelle**
50 g de **sucre en poudre**
1 sachet de **sucre vanillé**
50 g de **noix de coco** râpée

Passez le riz sous un filet d'eau froide, versez-le dans un grand bol et couvrez-le d'eau. Laissez-le tremper 30 minutes puis égouttez-le soigneusement.

Faites chauffer le lait, le clou de girofle, le bâton de cannelle, le sucre en poudre et le sucre vanillé dans une casserole à fond épais. Portez au frémissement. Versez le riz, mélangez, couvrez et laissez cuire à feu doux 25 minutes.

Faites chauffer une poêle antiadhésive et versez la noix de coco râpée. Faites-la dorer en remuant.

Ôtez le clou de girofle et le bâton de cannelle. Répartissez le riz dans des petits bols. Laissez tiédir puis saupoudrez de noix de coco poêlée.

Pour une version plus épicée, remplacez les épices de la recette par 3 pincées de quatre-épices composé de muscade râpée, de poivre moulu, de girofle et de cannelle moulues. Vous pouvez aussi ajouter 1 bonne pincée de gingembre en poudre.

crème de riz à la fleur d'oranger

Pour **4 personnes**
Préparation **5 minutes**
Cuisson **10 à 12 minutes**

6 c. à s. de **crème de riz**
  ou de **crème de riz complet**
1 litre de **lait**
90 g de **sucre en poudre**
2 c. à s. d'**eau de fleur**
  d'oranger
60 g de **pistaches** hachées

Mélangez la crème de riz et 3 cuillerées à soupe de lait. Versez le reste du lait et la crème de riz diluée dans une casserole à fond épais, mélangez et portez au frémissement. Couvrez et laissez cuire doucement environ 10 minutes en remuant régulièrement.

Ajoutez le sucre en poudre et l'eau de fleur d'oranger, mélangez et ôtez la casserole du feu.

Versez la crème de riz dans des petits bols et laissez refroidir. Saupoudrez de pistaches hachées puis servez à température ambiante.

Le temps de cuisson varie en fonction de la crème de riz utilisée (précuite ou pas).

Pour une note de fraîcheur, servez cette crème de riz avec des quartiers d'orange pelés à vif et quelques feuilles de menthe.

riz et pommes poêlées

Pour **4 personnes**
Préparation **5 minutes**
Cuisson **30 minutes**

100 g de **riz rond**
50 cl de **lait**
60 g de **sucre en poudre**
2 sachets de **sucre vanillé**
4 **pommes reinettes** ou
   jonagold
20 g de **miel**
20 g de **beurre demi-sel**

Passez le riz sous un filet d'eau froide puis égouttez-le.

Versez le lait dans une casserole à fond épais.
Portez à ébullition puis versez le riz en pluie. Couvrez et laissez cuire doucement environ 25 minutes.

Versez 40 g de sucre en poudre et le sucre vanillé. Mélangez, couvrez et laissez cuire environ 5 minutes.

Répartissez le riz au lait dans des petits bols et laissez refroidir.

Épluchez les pommes, ôtez les cœurs et les pépins et découpez-les en gros quartiers.

Versez le miel, le reste du sucre et le beurre dans une poêle antiadhésive et laissez fondre. Déposez les pommes et faites-les blondir légèrement. Laissez cuire quelques minutes puis servez avec le riz au lait.

Si vous souhaitez, vous pouvez flamber les pommes au calvados à la fin de la cuisson.

Pour un dessert plus original, ajoutez quelques cerneaux de noix aux pommes poêlées et servez avec un sorbet de pomme verte.

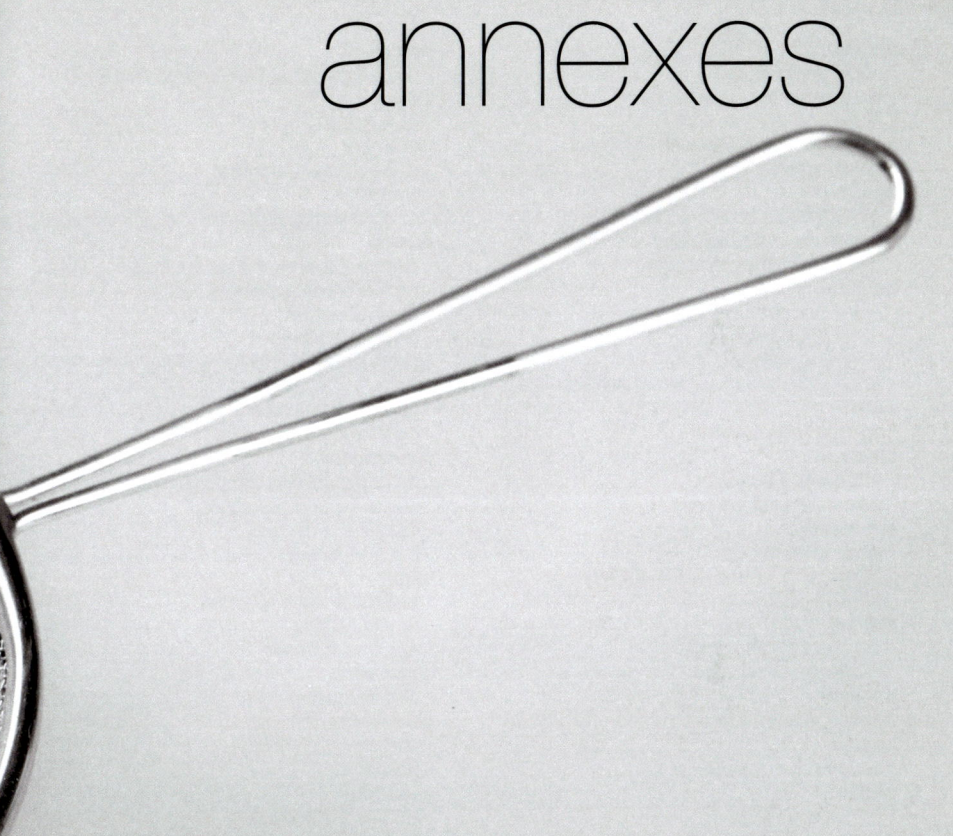

annexes

index

table des recettes

c'est tout prêt !

grandes salades

avec les doigts

wok

index par variétés de riz

les nouveautés :

dans la même collection :

entre amis

Brunchs et petits
dîners pour toi & moi

Cocktails glamour
& chic

Grillades & Barbecue

Desserts trop bons

Chocolat

cuisine du monde

Curry

Pastillas, couscous
tajines

Spécial thaï

Wok

tous les jours

200 plats pour changer
du quotidien

Cuisine du marché à
moins de 5 euros

Mon pain

Pasta

Pâtisserie facile

Petits gâteaux

Préparer et cuisiner
à l'avance

Recettes faciles

Recettes pour bébé

Spécial débutants

Risotto et autres façons
de cuisiner le riz

Spécial Poulet

Tout chaud

bien-être

5 fruits & légumes
par jour

Petits plats minceur

Poissons & crustacés

Recettes vapeur

Salades

Smoothies et petits jus
frais & sains

SIMPLE | **POUR CHAQUE RECETTE,**
PRATIQUE | **UNE VARIANTE**
BON | **EST PROPOSÉE.**

LES PETITS COSTAUDS **MARABOUT** CÔTÉ CUISINE